中华传统美德百字经

克·克己向善

于永玉 杨呈旭 ◎编

U0132965

一段历史之所以流传千古，是由于它蕴涵着不朽的精神；一段佳话之所以人所共知，是因为它充满了人性的光辉。感悟中华传统美德，获得智慧的启迪和温暖心灵的感动；品味中华美德故事，点燃心灵之光，照亮人生之路。

天津人民出版社

图书在版编目（CIP）数据

克：克己向善 / 于永玉，杨呈旭编 . —天津：天
津人民出版社，2012.1
（巅峰阅读文库 . 中华传统美德百字经）
ISBN 978-7-201-07337-8

Ⅰ．①克…　Ⅱ．①于…②杨…　Ⅲ．①品德教育—中
国—通俗读物　Ⅳ．① D648-49

中国版本图书馆 CIP 数据核字 (2011) 第 268681 号

天津人民出版社出版

出版人：刘晓津

（天津市西康路 35 号　邮政编码：300051）

邮购部电话：（022）23332469

网址：http://www.tjrmcbs.com.cn

电子信箱：tjrmcbs@126.com

北京一鑫印务有限责任公司印刷　新华书店经销

2012 年 1 月第 1 版　2012 年 1 月第 1 次印刷

690×960 毫米　16 开本　10 印张　字数：100 千字

定价：19.80 元

中国是一个具有悠久历史和灿烂文化的文明古国，也是举世闻名的礼仪之邦。在历史的长河中，中华民族创造出了绚丽多彩的物质文化和精神文化，为人类的发展和进步做出了重要贡献。其中，中华民族的传统美德被大家代代传承。

那么，什么是传统美德？什么是中华民族的传统美德呢？通常来说，传统美德就是在自觉或习俗的道德规范中，一些被大多数人所接受并实际奉行的，而且在现代仍有着积极影响的那些美德。具体到中华民族传统美德，概括起来就是指中华民族优秀的民族品质、优良的民族精神、崇高的民族气节、高尚的民族情感以及良好的民族礼仪等，是中华民族在历史实践过程中积累而成的稳定的社会优秀道德因素，体现在人们生活的方方面面，涉及政治、经济、文化、意识等领域，并通过社会心理结构及其他物化媒介得以代代相传。

经过长期的历史沉淀，中华传统美德已融入到中华民族的思想意识和行为规范中，成为社会道德文化的遗传基因，成为整个中华民族文化的精神内涵，也是中华五千年文明史的精髓所在。继承和弘扬中华民族传统美德，可以振奋民族精神，增强民族自尊心、自信心、自豪感和凝聚力，使社会主义道德规范具有更丰富的内涵，让社会主义、集体主义、爱国主义思想等更加深入人心，成为社会主义文化的主旋律。同时，还可以更好地协调人际关系，促进社会主义市场经济的健康发展，形成有中国特色的、适应社会发展的价值观和伦理道德规范。

前 言

国民的思想道德状况，尤其是青少年的思想道德状况，直接关系着一个国家、一个民族的整体素质，关系着国家前途和民族命运。目前，我国已进入改革发展的新时期新阶段，德育教育的价值和意义更是日渐凸显。大力弘扬中华传统美德，建设社会主义核心价值体系，促进社会主义文化的发展和繁荣，是建设全面小康社会的主要任务，更是实现中华民族伟大复兴的必然要求。因此，党中央非常注重我国公民道德建设，全社会也已形成了加强和改进思想道德建设的新风尚。

青少年是国家的希望，是民族不断发展和延续的根本，因此，青少年德育教育就显得更加重要。为了增强和提升国民素质，尤其是青少年的道德素质，我们特意精心编写了本套丛书——《中华传统美德百字经》。

本套丛书立足当前公民，尤其是青少年思想道德教育的现实，将中华民族的传统美德归纳为一百个字，即学、问、孝、悌、师、教、言、行、中、庸、仁、义、敦、和、谨、慎、勤、俭、恤、济、贞、节、谦、让、宽、容、刚、毅、睦、贤、善、良、通、达、知、理、清、廉、朴、实、志、道、真、立、忠、诚、公、正、友、爱、同、礼、温、信、尊、敬、恭、恕、责、仪、精、专、博、富、明、智、勇、力、安、全、平、顺、敏、思、积、利、健、率、坚、情、养、群、严、慈、创、新、变、革、争、谏、诲、齐、省、克、竞、求、简、洁、强、律。丛书内容丰富、涵盖性强，力图将中华民族传统美德的内涵囊括进去。丛书通过故事、诗文和格言等形式，全面地展示了人类永不磨灭的美德：诚实、孝敬、负责、自律、敬业、勇敢……

这些故事在中华民族几千年的历史长河中，一直被人们用来警醒世人、提升自己，用做道德上对与错的标准；同时通过结合现代社会发展，又使其展现了中华民族在新时代的新精神、新风貌，从而较全面地展示了中华民族的美德。

在本套丛书中，为了帮助读者更好地理解这些源远流长的传统美德，我们还在每一篇故事后面给出了"故事感悟"，旨在令故事更加结合现代社会，结合我们自身的道德发展，以帮助读者获得更加全面的道德认知，并因此引发读者进一步的思考。同时，为丰富读者的知识面，我们还在故事后面设置了"史海撷英"、"文苑拾萃"等板块，让读者在深受美德教育、提升道德品质的同时，汲取更多的历史文化知识。

前 言

这是一套可以打动人心灵的丛书，也是可以丰富我们思想内涵的丛书……《中华传统美德百字经》向我们展示的是一种圣洁的、高尚的生活哲学。无论在任何社会、任何时代，给予人类基本力量的美德从来不曾变化。著名的美国政治家乔治·德里说："使美国强大的不是强权与实力，而是上帝赐予的美德。假如我们丢失了最根本且有用的美德，导弹和美元也不能使我们摆脱被毁灭的命运。"在今天，我们可能比任何时候都更应关心道德问题，尤其是青少年的道德问题，因为今天我们正逐渐面临从未有过的道德危机和挑战。

人生的美德与智慧就像散落的沙子，我们哪怕每天只收集一粒，终有一天能积沙成塔，收获一个光辉灿烂的明天。《中华传统美德百字经》中的美德故事将直指我们的内心，指向人性中善良的一面，唤起我们内心深处的道德感。因此，中华民

族的传统美德也一定会在我们的倡导和发扬之下，世世传承，代代延续！

全套丛书分类编排，内容详尽、文字优美、风格独具，是公民，尤其是青少年思想道德建设的优秀读物。愿这些恒久流传的美文和故事能抚平我们每个人驿动的心，愿这些优秀的美德种子能在青少年身上扎根、发芽、生长……

克·克己向善

克己向善，意思是说，以良好的道德行为克制自己，以身作则地向好的方向发展。克己向善是我们中华民族的传统美德，也是衡量一个人做人的基本准则。

克己向善，就要见善则迁。改过迁善，就是自觉改正错误，自觉地向着好的方面迁移和转化。改过迁善是佛家和儒家关于道德修养的思想主张，后一直为我国传统文化所倡导。《易经》中说："君子见善则迁，有过则改。"一个人不可能不犯错误，怎样对待错误是个大问题。早在春秋时期，就有"人谁无过，过而改之是大焉"的话，孔子也说："过则无惮改，而不改是谓过矣。"这就是说，人不可能没有过失。人不怕有过，只怕不改，有过能改，就是最大的善。有过而不改才是真错误。

只有具备了改过迁善能力的人，才可算是一个有自我意识的人。每个人都有缺点，这就是为什么我们要接受教育的原因。受教育使我们有能力认识自己的缺点并加以改正，这就是进步。

克己向善，就是要常思律己，修身立德。律己依靠人的内在力量，增强自我意识。律己贵德，应是人生宏旨，也是做人准则。古人讲：德以养心。何以贵德，唯有律己。用现代人的理念阐释，律己与贵德也是衡量人品质的重要尺度，在某种程度上还决定一个人的事业、家庭和睦和身心健康。人若放纵自己，就会导致言行失衡，对自己的心理活动难于把握、洞察、克己和规范。有的人明知自己的言行是违规犯罪，却依然一意孤行、以身试法；也有人一生重病在身，但却能直面人生，不向病魔屈服，直到最后一刻，令人感慨。所以，"律己修身，贵德养心"，历代被奉为训诫。

克己向善，还要廉洁自律，克己奉公。一个正直廉洁的人，会时时事事严格要求自己，不因利微而贪，不因善小而不为。相反，一些因贪婪而遭受惩罚的人还往往哀叹自己的运气不好，甚至认为是自己运气太差，其实，他们已经被贪念冲昏了头脑，有因才有果，如果没有自己种下的恶因，何来日后所结的恶果呢？那些营营苟苟总想着占集体、国家便宜的人，伸手必被捉！不义之财正如鱼钩上的香饵，一旦吞下去，想吐也吐不出来，只能听他人的摆布。那些把法律道德抛诸脑后、作出损公肥私勾当的人，最终结果只会是害人害己，小则丢掉工作、颜面尽失，大则身败名裂、身陷囹圄。要想保持身正廉洁、不被腐化，唯一的办法就是加强学习，提高自己的修养和认知，增强抵制各种诱惑的抵抗力。

当前我们处在信息时代，社会事物纷繁复杂。每日面对大量的全新事物，在学会汲取现代科学信息的同时，还应随时锤炼自身的应变能力。在生命的各个时期，不论年龄大小，都应"克己自律，以善修身"，与时代同步，驾驭潮流，不流于世俗，尽力融入社会，开创和谐生活。

目录

ZHONGHUACHUANTONGMEIDEBAIZIJING
中华传统美德百字经

克·克己向善

第一篇

克己修身立德

穆姜克己养孤儿

◎见善如不及，见不善如探汤。——《论语》

汉代安众令汉中程文矩的妻子李穆姜，有两个儿子，而她丈夫前妻的四个儿子认为李穆姜不是生身母亲，便越来越憎恶她。可是穆姜慈爱温和，抚养他们更加尽心尽力，给他们分配衣食的时候，总是比给她的亲生儿子多。

有人劝她说："这四个孩子这么不孝顺，你为何不迁居别处远离他们呢？"

穆姜说："我正以仁义道德诱导他们，让他们自己弃恶向善。"

后来，丈夫前妻的长子兴疾得了重病，境况十分困顿，穆姜很同情他，亲自为他熬药调膳，悉心照料。

这样过了很久，兴疾康复之后，他叫来三个弟弟，对他们说："继母慈祥仁爱，出自天性。我们兄弟不懂得她的恩养之情，心如禽兽，继母的仁爱日渐加深，而我们的罪过也更加深重了！"

于是他带着三个弟弟来到南郑监狱，陈述继母的优良品德，供述自己的罪过，请求官府治罪。县令将这件事禀报郡守，郡守没有治他们的罪，还表彰他们的后母，免除他们的徭役，令他们兄弟回家，允许他们改过自新。此后穆姜训导儿子愈加严明，这兄弟几个后来都成了为人们所称道的良士。

◎**故事感悟**

穆姜虽身为继母，但她深明大义，贤惠善良，对待别人的孩子胜过亲生。她是中国古代贤妻良母的典型代表，也是后代为人母者的光辉榜样！

◎史海撷英

曹操迁都许城

196年，曹操将汉献帝迎到了许城。从那时起，许城便成了东汉临时的都城，因此改称为许都。

在许都，曹操给汉献帝修建了宫殿，献帝便正式上朝了。曹操自封为大将军，从此以后，曹操便以汉献帝的名义向各地州郡豪强发号施令。

然而日子一久，由于要支付大批官员和军队的粮食供应，许都的粮食便发生了困难。经过十年的混乱，到处都在闹饥荒，如果粮食问题得不到解决，大家也就无法再在许都待下去了。

这时，有个名叫枣祗的官员给曹操提出了一个办法，叫做"屯田"。他请曹操把流亡的农民召集到许都郊外开垦荒地，农具和牲口由官府提供。每年收割下来的粮食，官府和农民平分。

曹操接受了枣祗的建议，下令实行屯田。不久，许都附近的荒地就开垦出来了。一年以后，原来已经荒芜的土地获得了丰收。

随后，曹操又以皇帝的名义号令天下诸侯，又采用屯田的办法，解决了军粮供应问题，还吸收了荀攸、郭嘉等一批有才能的谋士，奠定了日后曹操成就霸业的基础。

◎文苑拾萃

薤露行

(三国) 曹操

惟汉廿二世，所任诚不良。

沐猴而冠带，知小而谋疆。

犹豫不敢断，因狩执君王。

白虹为贯日，己亦先受殃。

贼臣持国柄，杀主灭宇京。

荡覆帝基业，宗庙以燔丧。

播越西迁移，号泣而且行。

瞻彼洛城郭，微子为哀伤。

陈仲克己修身

◎君子务本，本立而道生。——《论语》

陈仲（生卒年不详），名定。山东邹平人。也叫陈仲子、田仲、于陵中子等。战国时著名的贤士。战国时期齐国贵族田氏的后裔，其兄是齐国的卿大夫，封地在盖邑，年收入达万钟之多。

陈仲是战国时期的著名贤士。他自幼便生长在一个贵族家庭中，亲眼目睹了贵族阶级内部肮脏糜烂的腐朽生活，以及对广大下层人民的残酷剥削和压榨。陈仲的哥哥是齐国的卿大夫，俸禄很多，其中多有不义之财。他很憎恨哥哥公开行贿受贿不讲道德的行为，又深深感到个人无力来改变社会。

有一天，陈仲的哥哥接受了别人贿赂的几只鹅，得意洋洋地在母亲面前炫耀。陈仲知道后，便公开指责哥哥的不正当行为。可当陈仲不在家时，母亲却把这只鹅杀了，还做成菜，陈仲没在意就吃下去了。这时，他的哥哥便借机发挥，说："你不是看见我收的礼物生气吗？那为什么还跟着我一起吃这不干净的东西呢？"陈仲听后，十分生气，就跑出去，将手伸进喉咙使劲抠，直到把鹅肉全部吐了出来。后来，他毅然与兄长决裂，与妻子搬到沂蒙山附近隐居去了。

陈仲夫妻两人终日以织鞋绩麻为生，生活虽然穷困，但却乐在其中，绝不无原则地谋求索取他人的东西，不义之食不吃，但求无愧于心。有一年闹饥荒，家中三天没有粮食吃，陈仲一家靠吃树上的虫子才得以活命。

楚王听说了陈仲的贤德后，便特地派使者带上重金去请他出仕为相。

陈仲同妻子商量说："楚王想拜我为宰相，我如果今天成为宰相，明天就可乘驷马高车，食丰盛佳肴，你看怎么样呢？"

妻子说："你现在左琴右书，乐在其中。虽然做官可以乘驷马高车，但所坐的地方不过容纳双膝之地；虽然每天有丰盛佳肴在前，但只不过一碗肉就饱了。现在如果为了那容膝之地和那一碗肉，去怀楚国之忧，现在乱世多害，恐怕你不保性命啊！"

于是，夫妻两人出来向使者道谢后，就偷偷搬到长白山一带居住去了。

陈仲还十分严格地要求自己要克己修身。有一年天气大旱，没有水吃，陈仲一大早就背着瓦罐到十里外的地方去取水。水本来就不多，被陈仲取完后，已经所剩无几了。这时，其他赶来取水的人也来了，他们见水已经没了，都长吁短叹，抱怨自己来晚了。

陈仲见此情景后，十分后悔，连声责怪自己不应该跑到大家前头来抢水，随后便叫住要空手而返的乡民，将自己的水全部分给了他们。分完水后，陈仲将自己的瓦罐打碎了，并且回去后多天没有喝水，以此来警醒自己去掉这颗在利益面前喜欢抢先的私心。

有一次，陈仲在梦中偷拔了同村人的菜，并炒着吃了，醒来后他十分懊悔，认为是自己的思想深处有不好的想法。为此，他非常不安，打算去还给人家钱，但自己又没钱，于是拿了一双自己编的草鞋去送给了同村人。同村人听了事情原委后坚持不肯收，争执再三后，陈仲放下鞋就走了。这双鞋放在那里很多年都没有人动，当地人都以此为例来教育子弟。

◎故事感悟

陈仲克己省身，保持纯洁的心灵不受丝毫污染。他对物欲横流的浊世深恶痛绝，提醒人们不要为世俗所迷惑，更感人的是他能身体力行，为后人留下了许多修身立德的佳话。

◎史海撷英

陈仲买瓜

有一次，陈仲在睡梦中口渴异常，四处找水不得，恍恍惚惚间摘了邻居家的一个甜瓜吃了。醒来以后，他明知是梦，还是觉得良心不安，赶忙到街上买了一个甜瓜，亲自送到邻居家中。人家不接受，他百般请求人家收下，然后才安心地回到家中。

◎文苑拾萃

池中双鸭甚驯笼赠古灵陈仲

（宋）李洪

双凫荡漾小池幽，荷叶田田两见秋。
却恨主人官满去，荒陂野水狎轻鸥。

曹操削发克己

◎躬自厚而薄责于人，则远怨矣。——《论语》

曹操（155—220年），字孟德，一名吉利，小字阿瞒。汉族。沛国谯（今安徽省亳州市）人。中国东汉末年著名的军事家、政治家和诗人，三国时代魏国的奠基人和主要缔造者，后为魏王。其子曹丕称帝后，追尊为魏武帝。

三国时期，魏国曹操从军营归来，一路上看到农民逃难，田地荒芜，皱起眉头，闷闷不乐。他想，连年战乱，农民住不安，衣不暖，食不果腹，他们只有外出逃荒。

"这样下去，怎么得了！"他自言自语说了一句。

回到大营，他默默地坐下，在思考着今后的出路。

侍卫来报："丞相，谋士枣祗求见。"

曹操不耐烦地说："告诉他，今日我稍有不适，隔日再来吧。"

侍卫出去一会儿，又进来禀报："丞相，枣祗仍要求见。"

曹操生气了，说："我不是已经说过了，我不舒服，隔日再来会见吗？"

侍卫说："我说了，可他要见。"

曹操又问："为什么？"

侍卫说："他说，他知道丞相不舒服，他就是为丞相不舒服来的。"

曹操一惊，说："唔？为了我不舒服？他怎么事先知道我不舒服？"

曹操是十分爱才的。他想了想，就说："好吧，请他进来。"

侍卫出去传话。

枣祗的身材偏瘦，长脸，双目炯炯有神。他走进大营，施礼说："枣祗拜见丞相。"

曹操还礼，说："请坐。"

枣祗坐下，望着曹操，说："丞相今日不适，是心中有事吧？"

曹操不喜欢别人摸透他的心思，他脸上掠过一丝不快，问："我没有什么不愉快的事，只是觉得有些劳累罢了。"

枣祗微笑，点点头说："我知道，丞相为今后的粮食发愁。连年战乱，百姓逃难，耕地荒芜，粮食歉收，农民饥饿，将士无食，这样国不安宁，仗也无法打下去了。"

曹操见枣祗说的正是自己想的，心中有几分佩服。但是他没动声色，转头望望窗外，停了一会儿，说："你说得不错，确是如此。那么，你说怎么办好呢？"

枣祗向前探探身子，说："我以为，有一个办法可以解决。"

曹操急忙问："什么办法？"

枣祗稍稍提高点嗓门，说："让士兵在闲暇时去种田，并发布命令，人人都要爱护庄稼，就可以有粮食了。"

曹操听后，点点头，说："嗯，很好，很好，是个好办法。"

曹操采纳了枣祗的建议，让没有打仗任务的士兵们种田耕地。这就是有名的"屯田"。

果然，不久以后，荒芜的田地里长出了庄稼，长得最好的是那些麦田。

曹操看到快要成熟的麦子，心中十分高兴，他再次下令："严禁毁坏麦田，违者杀头！"

过了一些日子，曹操要率兵去打仗了。出发前，他警告众将士说："我已经三令五申，不要踩坏麦田。请所有将士注意。若有违反，杀无赦！"

大队人马出发了。将士们走在田间路上，都十分小心。曹操骑在马上，在前边走着。

突然，一群小鸟从麦田里飞起来。曹操骑的战马受了惊，猛地跳起来，然后向前冲去。

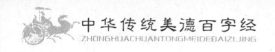

那马在麦田里跑着，踩坏了一大片麦子。

曹操急坏了，费了好大劲，在侍卫们的帮助下勒住了惊马。曹操从马上跳下来，望着被踩坏的麦田，十分惭愧地说："都怪我！都怪我！"说着就去扶那些被踩倒的麦子，但怎么都扶不起来。

他对军法官说："我违犯了军令，请按军法治罪！"

军法官望望麦田，又望望曹操，为难地说："丞相，您是全军的主帅，怎么能治您的罪呢？"

曹操大声说："不许践踏麦田，是我定的军纪，我自己却不遵守，哪里还能让大家信服呢！"

说着，他拔出了宝剑，接着说："我身为主帅，不能自杀，就把我的头发割下来代替砍头吧！"说罢，他用剑割下了自己的头发，递给军法官，让军法官，拿着去示众。

将士们对曹操严格要求自己都十分佩服，说："曹丞相不是故意践踏麦田，战马受惊是意外事故尚且如此，我们今后千万不要违犯军纪啊！"

◎ 故事感悟

作为古代军事家、政治家的曹操，不仅知道法纪的重要性，也知道在法纪面前不能搞特殊，不然后果将十分严重。这就是他割发示众的原因。这不仅表现出曹操严于律己的品德，还表现了他作为一代风流人物的宽广胸怀。

◎ 史海撷英

曹操击退关羽

建安二十一年（216年）四月，汉天子册封曹操为魏王，邑三万户，位在诸侯王上，奏事不称臣，受诏不拜，以天子旒冕、车服、旌旗、礼乐郊祀天地，出入得称警跸、宗庙、祖、腊皆如汉制，国都邺城，王子皆为列侯。曹操名义上还为汉臣，但却已经是实际上的皇帝了。

　　建安二十四年（219年）七月，曹操刚从汉中撤出，刘备的大将关羽就从荆州向曹操的东南防线襄、樊一带发动了进攻。曹操闻知，立刻派大将于禁率兵前往援助。八月，关羽趁洪水泛滥之机，大破于禁所统的七军，擒于禁，斩庞德，乘势进军，将樊城团团围住。当时，樊城的曹军只有数千人，城被水淹，水面离城楼仅有数尺，曹仁率军死守。随后，曹操又派徐晃领兵去救樊城。十月，曹操从关中赶到洛阳，亲自指挥救援樊城。

　　当时，孙权因为关羽处其上游，不愿意让关羽的势力发展，而且他早有攻取荆州之心，于是联结曹操，准备以大将吕蒙偷袭荆州要地江陵。曹操接到信后，将这一消息通知给曹仁，命他继续坚守，自己进至摩陂（今河南郏县东南），临近指挥，又派兵十二营增援徐晃，命他反击关羽。不久，吕蒙偷袭江陵得手，关羽撤兵，在路上被孙权的部队擒杀。

◎文苑拾萃

气出唱（其一）

（三国）曹操

驾六龙，乘风而行。

行四海，路下之八邦。

历登高山临溪谷，乘云而行。

行四海外，东到泰山。

仙人玉女，下来翱游。

骖驾六龙饮玉浆。

河水尽，不东流。

解愁腹，饮玉浆。

奉持行，东到蓬莱山，上至天之门。

玉阙下，引见得入，

赤松相对，四面顾望，视正焜煌。

开玉心正兴，其气百道至。

传告无穷闭其口，但当爱气寿万年。

东到海，与天连。

神仙之道，出窈入冥，常当专之。

心恬澹，无所惕。

欲闭门坐自守，天与期气。

愿得神之人，乘驾云车，

骖驾白鹿，上到天之门，来赐神之药。

跪受之，敬神齐。

当如此，道自来。

诸葛亮自降三级

◎不迁怒，不贰过。——《论语》

> 　　诸葛亮（181—234年），字孔明，号卧龙（也作伏龙）。汉族。琅玡阳都（今山东临沂市沂南县）人。蜀汉丞相，三国时期杰出的政治家、战略家、发明家、军事家。在世时被封为武乡侯，谥曰忠武侯；后来的东晋政权为了推崇诸葛亮的军事才能，特追封他为武兴王。代表作有《前出师表》《诫子书》等。发明了木牛流马、孔明灯等。

　　诸葛亮辅助蜀主刘禅治理国家、发展生产、严明法纪、任用贤能，成果极为显著。几年里，蜀地社会安宁，百姓生活也有了较大提高。于是，诸葛亮决心实现早已有的愿望，出兵北伐，统一中原。

　　诸葛亮做了充分的准备，并且写了著名的《出师表》，表示了自己"鞠躬尽瘁，死而后已"的决心。

　　街亭，是蜀军与魏军必争之地。这一交通要道，派谁去把守呢？诸葛亮思来想去，选中了很有才华的马谡。

　　诸葛亮唤来了马谡，对他说："我有一项重要任务交给你，你务必完成。"

　　马谡点头，说："丞相放心，马谡当以死向前，竭尽全力。"

　　诸葛亮说："派你去把守街亭。那是极重要的交通要道，万万不可大意。你要记住一件事：街亭地处要道，你一定要驻军路口，阻挡魏兵，千万不可将军营安置在山上。"

　　"丞相放心，我记住了。"

　　诸葛亮虽然再三叮嘱，可马谡只知道此项任务重要，要他去防守街亭，

他想，这有什么了不起，小小一桩差事，哪儿还能有什么完不成任务？

诸葛亮再三嘱咐的话，他根本就没有放在心上。

马谡做了准备工作，率领兵马出发了。来到街亭，他视察了地形，对副将王平说："我看，丞相说得并不都对。"

王平问："将军此话怎讲？"

马谡说："你看，这路旁有座小山，在山上扎营，居高临下，真是太好了。"

王平说："我们来时，丞相再三叮嘱，一定扎营在路口，您忘了？"

马谡自负地哈哈一笑，说："我没有忘。我只是认为，丞相不一定说得就都对。我们将军营扎在山上，能攻能守，有什么不好？"

王平想了想，说："不可以。丞相所言，务必请你三思。你若驻扎山上，万一敌人包围你，怎么办？"

马谡说："那不怕，我们可以守，可以突围。"

王平说："山上没有水，怎么办？"

马谡说："嘿，你就是前怕狼、后怕虎，你不知道兵法中'置于死地而后生'的道理吗？我看，不必再争了，就这么定了：大营扎在小山上。"

王平严肃地说："我认为不可以。"

马谡也厉声说："我认为可以！"

"扎在路口！"

"扎在山上！"

两员大将争得面红耳赤，最后，还是主将说了算，军营扎在山坡上。

果然，正如诸葛亮预测的：魏兵一定会来攻占街亭。

魏国大将张郃率领大军浩浩荡荡开了来。张郃远远观察后，说："诸葛亮果然比我们先走了一步，占领了街亭，不愧为当今奇才。"

他望着蜀军军营，突然笑了，说："怪哉！蜀兵怎么将军营驻扎在小山包上了？这本是兵家之大忌呀！"

说罢，张郃立即调兵遣将，将山包严严实实地包围起来。这一包围，就断了马谡的水路和粮路。没有水，没有粮，军心大乱。马谡有些后悔，几次带兵突围，但都失败了。

张部围了几天之后，放火烧山，马谡营房失火，兵士纷纷逃窜，终于全军覆没。

街亭丢失了，马谡在王平的救援下，逃了回来。

他进入军帐，一头跪在地上，痛哭失声："丞相，我没有听您的话，大败而归，对不起您！"

诸葛亮急得跺脚，大声叹息道："马谡呀马谡！你可误了大事。街亭丢失，此次北伐前功尽弃。都怪我用人不当！"他忍着心中的悲痛，下令将马谡关进狱中。按照当时军中的法律，马谡当是死罪。

马谡被斩前，恳求诸葛亮，说："丞相，我罪有应得，死而无怨。只是家中尚有老母，放心不下。"

诸葛亮说："你放心吧，由我来照看她。"

马谡被杀了。诸葛亮终于忍不住流下了眼泪。

一位将军问："丞相，杀了马谡，您是不是觉得可惜？"

诸葛亮说："不。统率军队没有法不行呀！马谡之死，罪有应得，我不是哭他，我是恨我自己看错了人，用错了人。这次惨败，完全是我的过失。马谡违犯军令被处死，可我也有错呀。我也应受到惩罚。"

诸葛亮主动上书给蜀后主刘禅，检讨自己的错误，要求把自己的官职降下三级。他诚恳地对大家说："你们看到我不对的地方，务必马上告诉我。大家齐心协力，我们的大业才能成功。"

◎故事感悟

诸葛亮是古代一位杰出的军事家、政治家。失街亭后，他挥泪斩马谡，又主动检讨自己的过失，把自己的官职降三级，充分表现了诸葛亮严于律己的高风亮节。诸葛亮身为一国丞相，仍然严格要求自己，可见克己明德是他一生的追求。

◎史海撷英

五丈原的历史沿革

五丈原位于陕西省宝鸡市的岐山县境内，高二十余米，面积约12平方公里，南依棋盘山，北临渭河，东西两面为河流冲的深沟，形势险要。

三国时期，诸葛亮曾在五丈原吞并，与司马懿对阵，后因积劳成疾而病死五丈原，五丈原也由此而闻名于世，成为三国时期诸葛亮的最后一个战场。

234年，诸葛亮率兵由汉中出发，穿过秦岭，进驻五丈原。刚刚来到这里时，因粮草不足，便先屯田练兵，待机伐魏。魏将司马懿深知诸葛亮神机妙算，在渭河北岸固守，不敢贸然出兵。双方在五丈原相持百天不战，最后诸葛亮不得不引诱魏兵入葫芦沟作战，并放火烧断了谷口，想大败魏将司马懿。没想到的是，天突然降了一场大雨，魏军死里逃生。

同年秋天，诸葛亮病死军中，蜀军败退。当司马懿进兵诸葛亮指挥作战的地方时，看到蜀军阵地之险要，惊叹道："天下奇才也。"后人为了纪念诸葛亮，便在这里修建了寺庙。

◎文苑拾萃

游诸葛武侯书台

（宋）陆游

沔阳道中草离离，卧龙往矣空遗祠。

当年典午称滑贼，气丧不敢当王师。

定军山前寒食路，至今人祠丞相墓。

松风想象梁父吟，尚忆幡然答三顾。

出师一表千载无，远比管乐盖有余。

世上俗儒宁办此，高台当日读何书？

赵云不好女色

◎君子成人之美，不成人之恶。小人反是。——《论语》

> 赵云（？—229年），三国常山真定（今河北正定南）人，字子龙。起初跟随公孙瓒，后来归于刘备。曹操取荆州，刘备败于当阳长阪，他力战救护甘夫人和备子刘禅。刘备得益州，赵云被任为翊军将军。建兴六年（228年），从诸葛亮攻关中，分兵拒曹真主力，以众寡不敌，退回汉中，次年卒。他曾以数十骑拒曹操大军，被刘备誉为"一身都是胆"。

　　三国时，赵云随刘备打天下，他不仅作战勇猛，对主公忠心耿耿，而且作风廉洁，不好金钱美女。

　　有一次，赵云攻下桂阳，取代了太守赵范。假投降的赵范为了拉拢赵云，便想将守寡的嫂子樊氏许配给他。樊氏生得天姿国色，可赵云一点儿也不动心。他说："我与赵范是同姓，他的兄长犹如我的兄长，当弟弟的怎能娶嫂为妻呢？"

　　后来又有人劝说赵云：还是娶了樊氏吧，这么美丽的女子天下少有。

　　赵云直截了当地说出不娶的原因："樊氏虽美，但她是赵范家的人。赵范虽已投降，但那是出于被迫，并不能表明他的心已忠于我们。天下美女多的是，我为什么非要娶一个降臣家的人为妻呢？"

　　后来果然不出赵云所料，赵范从蜀地逃跑，背叛了刘备。

◎故事感悟

俗话说，"英雄难过美人关"，而赵云在美女面前却毫不动心。他深知应当怎

么做才对，表现出了英雄人物的英雄气概，值得后人学习。

◎史海撷英

赵云忠肝义胆

建安十三年（208年），刘备被曹操打败，向南逃往江陵。曹操派麾下精骑快马追赶，终于在当阳的长阪附近追上了刘备。此时情势危急，刘备为了逃脱，便丢下自己的妻儿，仅带着张飞、诸葛亮和赵云等数十骑向南逃逸，这时赵云却反而向北进入曹军阵势之中。

当时，有人看到赵云向北而去，便对刘备说，赵云必定是向北投靠曹操去了。刘备闻言，用手戟掷那告状的人，大声说："子龙是不会弃我而去的。"

不久后，赵云果然回来了，而且救回了刘备的幼子刘禅和妻子甘夫人。刘备十分感激，之后便任命赵云为牙门将军。

◎文苑拾萃

叹子龙

佚 名

当年玄德走江陵，路次当阳少甲兵。

忽被曹瞒驱铁骑，军民打落尽逃生。

赵云独仗英雄气，舍命浑如落叶轻。

枪搅垓心蛇动荡，马冲阵势虎飞腾。

怀中抱定西川主，紫雾红光射眼明。

斩将夺旗世罕比，擎天保驾功业成。

我来少歇长坂下，斑斑沙草血犹腥。

子龙子龙在何处？仰天长问三两声。

全忠全义真称美，永远标题翰墨青。

不做自己憎恶的事

◎己所不欲，勿施于人。——《论语》

> 王珪（571—639年），字叔玠。太原祁县（今山西祁县东南）人氏，系出太原王氏的高门。北魏时，王珪先祖曾任护乌丸校尉（乌丸即乌桓，东胡别种，汉末被曹操所破，遗裔遂居嫩江之北；护乌太校尉乃监护乌丸的长官），因号"乌丸王氏"。王珪一生崇尚儒学，以儒家忠孝仁义礼等自励，是唐初有名的诤臣之一，与房玄龄、杜如晦、李靖、温彦博、戴胄、魏征等人同为"贞观名臣"。

贞观二年（628年）十二月的一天，唐太宗与侍中王珪闲谈。

唐太宗指着身旁的一个侍女说："她是高祖的堂弟李瑗的爱姬。李瑗杀了她的丈夫后，把她强娶过来。"

听了这话，王珪立即离开座位，站起身来说："这样说来，陛下以为李瑗强占了别人的妻子是对还是不对？"

唐太宗十分惊讶地说："杀了人，又强娶了人家的妻子，是对、是错，这不是非常明显的么？你为什么还要问呢？"

紧接着，王珪向太宗讲了这样的故事："一次，齐桓公外出，路过一处郭姓家族的废墟，齐桓公问道：'郭氏家族是为什么灭亡的？'当地的父老回答：'是因为他喜欢好的，憎恶坏的。'齐桓公又问道：'这不是很对吗？怎么会因为这个而灭亡呢？'父老们再回答：'喜欢好的，但不能真正执行；憎恶坏的，也不能真正做到，所以才灭亡了啊！'管仲认为，如果一个人虽然憎恶坏的，但又去做坏事，这与郭氏是没有什么不同的！"

王珪又说："今天，陛下把这个侍女留在身边，我以为陛下真像郭氏那样，

口头上厌恶坏的，而实际却不能真正做到呢！"

唐太宗听了之后非常高兴，立即把那个侍女送出宫去，让她与亲人团聚去了。

◎故事感悟

作为一国之君，权倾天下，唐太宗却还能够做到克己向善，实在可贵！这个故事也让我们明白：克己，是我们修身立德的基础。只有做到克己，才能真正做到明德。

◎史海撷英

王珪评众臣

有一次，唐太宗命王珪评论朝中诸臣的优劣，王珪从容地答道："孜孜奉国，多谋善略，我不如房玄龄；能文兼武，出将入相，我不如李靖；敷奏说明，条理清晰，我不如温彦博；办事干练，案无滞留，我不如戴胄；忠诚无私，犯颜直谏，我不如魏征。然而，激浊扬清，嫉恶好善，我却比他们有一日之长。"

这番话深受唐太宗的称道，太宗感慨地说："卿如常居谏官，朕必永无过失。"王珪任谏议大夫时，推诚尽节，多所献纳。

◎文苑拾萃

赠太尉郑文肃公挽词二首

（唐）王珪

星坠将军府，边山万木腓。
谁言夜舟固，那复玉关归。
旌旆低寒色，箫笳惨夕霏。
所嗟恩馆泪，不到九原挥。

宋璟不讨好权贵

◎毋意，毋必，毋固，毋我。——《论语》

唐玄宗李隆基（685—762年），又称唐明皇。唐睿宗李旦的第三个儿子。712年至756年在位，开创了唐朝的鼎盛时期。但他统治后期，朝政腐败，终于导致了长达八年的"安史之乱"，使唐朝逐渐衰落下去。

唐代中叶，在广州做官的宋璟接到了唐玄宗的诏书，命他立即赶往京师，另有重任。

宋璟接到诏书后，不敢怠慢，日夜兼程，终于来到了唐朝的首都长安城。

这时已经有人报告给唐玄宗了："禀奏皇上，宋璟从广州启程，今日已到郊外。"

唐玄宗点点头，对自己的亲信、宦官杨思勖说："朕派你去，到郊外迎接他。"

杨思勖答应："是。"

杨思勖来到郊外，与宋璟见了面。宋璟依礼节问候了杨思勖，也问候了皇上等人，就再也不说话了。

进城后，两个人各自带着自己的随从，骑马走着。一路上，杨思勖想方设法与宋璟搭话，可宋璟总是绷着脸，也不主动与其说话。

杨思勖说："宋大人，京师如果有什么事情要我办，请尽管吩咐。皇上很夸奖你啊！说你人品、学识都很好。我看，你是前途无量啊！"

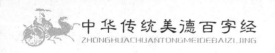
宋璟听了杨思勖的奉承话，只是笑一笑，仍然一个字也不说。

杨思勖十分恼火，回宫后，就对唐玄宗说："皇上，我一向受到您的信任，这次又派我去迎接新宰相。可那宋璟狂妄极了，根本不把我放在眼里，他竟一句话也不跟我说。我看，他这样做不仅是侮辱了我，而且也是瞧不起皇上，应该治他的罪！"

唐玄宗听了，笑笑说："是你不了解他呀。"

杨思勖问："我怎么不了解？"

唐玄宗说："正因为你得到我的信任，宋璟才不跟你说话。他不想拍你的马屁，不想讨你的好，不想拉私人关系呀。"

杨思勖顿了一声，说："唔，原来是这样。"

唐玄宗说："这才正说明宋璟是一位正直无私的大臣啊！"

◎故事感悟

有的人遇到了名人，有钱人，或有官职的人，就会另眼相待，或讨好，或拍马，或拉拉关系。其目的不外乎有二：一是出于私心，为自己谋利益；二是获得心理上的满足，多接触些名人，仿佛自己也沾了光。宋璟恰恰把这些看得很淡，因此，杨思勖在他那里会遭到冷遇。

◎史海撷英

唐玄宗改革吏治

唐玄宗在位期间，采纳了张九龄的建议，制定了官吏的迁调制度，选取京官中有才能之士，将其外调为都督刺史，以训练他们的处事能力和行政经验，同时又选取都督刺史中有作为者，将其升为京官。这样进行内外互调，增进了中央与地方之间的沟通、了解和信任。

唐玄宗还将全国分为十五道，在各道设置采访使，以监督地方州县的官员，并考察地方官吏的政绩。

　　在选拔人才方面，玄宗也对科举制度进行了改革，限制了进士科及第的人数，以减少冗官的出现，提高官吏的整体素质。

◎文苑拾萃

巡省途次上党旧宫赋

（唐）李隆基

三千初击浪，九万欲抟空。

天地犹惊否，阴阳始遇蒙。

存贞期历试，佐贰伫昭融。

多谢时康理，良惭实赖功。

长怀问鼎气，夙负拔山雄。

不学刘琨舞，先歌汉祖风。

英髦既包括，豪杰自牢笼。

人事一朝异，讴歌四海同。

如何昔朱邸，今此作离宫。

雁沼澄澜翠，猿岩落照红。

小山秋桂馥，长坂旧兰丛。

即是淹留处，乘欢乐未穷。

欧阳修克己改文风

◎勿以恶小而为之，勿以善小而不为。——《三国志》

欧阳修（1007—1072年），字永叔，号醉翁、六一居士。吉州吉水（今江西）人。北宋文学家、史学家。天圣进士，累官知制诰、翰林学士、枢密副使、参知政事。是北宋古文运动的领袖。散文说理畅达，抒情委婉，为"唐宋八大家"之一。诗风与其散文近似，语言流畅自然，其词深婉清丽。有《欧阳文忠集》，词集有《六一词》、《近体乐府》及《醉翁琴趣外编》。

欧阳修是北宋的一代文宗，"唐宋八大家"之一。欧阳修生活在北宋中期，此时，宋朝建立已近百年，然而文风却还是沿袭五代那种刻意追求骈文的传统，文章污浊不振，读书人守着陈旧粗劣的成规，理论卑下，气格软弱。当时的苏舜元、苏舜钦、柳开、穆修一班人，都想要以创作来振兴文风，但是财力不足，未能实现其意愿。欧阳修对当时的文风也很不满意，立志要改变这种状况。

欧阳修寄居随州时，曾在书筐中得到唐朝韩愈的遗稿，读完以后心中非常钦慕，于是他苦心探求其中的玄密奥妙，以致忘记了睡觉和吃饭，一心要快马加鞭追上韩愈，与他并驾齐驱。

欧阳修考取进士后，认识了当时的大文学家尹洙，他们一起交游，写作古文，议论人世间的事情，彼此还轮番作老师和朋友。而尹洙又与当时著名的诗人梅尧臣相识，欧阳修经尹洙介绍也与他交游，一同作诗唱和。从此欧阳修在学业上进步很快，于是以文章超群而闻名天下。后来欧阳修入朝为官，任馆阁棱勘。以后又参加编修《唐书》，又自著《新五代史》，因而他的名气越来越大。有一次朝廷派他出使契丹，契丹国王派四个贵臣陪他饮宴，并解释说："这不是例行规矩，而是因为你的名声大才这样招待的。"

嘉祐二年（1057年），欧阳修奉命主持当年的科举考试。当时，读书人喜欢做险怪奇涩的文章，称做"太学体"，欧阳修对这种文体坚决予以排斥抵制，对于写这样文章的人，一律不予录取。考试录取完毕，一些轻薄的考生，都等候在门外，欧阳修一出门，他们就群聚在欧阳修的马前大吵大闹，巡街的兵士也制止不住，欧阳修却丝毫不在意，直等他们离开才回家。从此以后，科举考试的风气有所改变。

欧阳修一方面反对晚唐以来的不良文风，另一方面又积极提倡继承韩愈的道统和文统，以致在后来形成了一场规模浩大的古文运动，开一代新的文风。欧阳修也因此一举成为当时文坛的领袖人物。

◎故事感悟

欧阳修是我国古代文学史上举足轻重的人物，他在文学上的贡献对后人影响深远，但在当时，为改变前朝的拙劣文风，欧阳修所做的努力和所承受的巨大压力，却是常人难以想象的。但是为了实现自己改变文风的志向，欧阳修从来没有退缩过，最后终于开辟了一代新的文风，成为当时文坛的风云人物。这种克己修身的坚定意志令人钦佩。

◎史海撷英

欧阳修一生的成就

欧阳修一生著述相当丰富，除了文学作品外，他还研究经学的《诗》、《易》、《春秋》等。而且，欧阳修能不拘守古人之说，对这些经学著作有自己独到的见解。

他还编辑和整理了周代至隋唐的金石器物、铭文碑刻上千，并撰写成《集古

录跋尾》10卷四百多篇，简称《集古录》，是今存最早的金石学著作。

欧阳修的史学成就最为伟大，除参加修定了《新唐书》250卷外，又自撰了《五代史记》(《新五代史》)，总结五代的历史经验，意在引为鉴戒。

此外，欧阳修的书法也著称于世，其书法受颜真卿影响较深。朱熹称赞他："欧阳公作字如其为人，外若优游，中实刚劲。"

◎文苑拾萃

踏莎行

（宋）欧阳修

候馆梅残，溪桥柳细。

草薰风暖摇征辔。

离愁渐远渐无穷，迢迢不断如春水。

寸寸柔肠，盈盈粉泪。

楼高莫近危阑倚。

平芜尽处是春山，行人更在春山外。

程颐克己学圣人

◎君子求诸己，小人求诸人。——《论语》

程颐（1033—1107年），字正叔。北宋洛阳伊川人，人称伊川先生。北宋理学家和教育家。为程颢之胞弟。历官汝州团练推官、西京国子监教授。元祐元年（1086年）任秘书省校书郎，授崇政殿说书。与其胞兄程颢共创"洛学"，为理学奠定了基础。与其兄程颢不但学术思想相同，而且教育思想基本一致，合称"二程"。

　　程颐小时候聪明好学，曾与哥哥程颢一起，舍弃科举的机会，投在周敦颐的门下学习。他从小便博览群书，经书、子书无不精研，最终成为当时有名的学者，与其兄程颢并称为"二程"。

　　程颐认为，学习必须有远大目标，即"学以至圣人之道"。他认为圣人可学，而且能够达到圣人的境界。他在游大学时说：天地储藏精气，得五行之秀者而生人，其本原真诚而安静；在没有发展生成以前，就已具备了仁、义、礼、智、信这五性；形体生成以后，由于外界事物触碰形体而动生于其中，其中动而生喜、怒、哀、乐、爱、恶、欲这七情；七情激荡而伤其性。所以，觉悟的人约束七情使其合于中、正其心、养其性；愚昧的人就不知道这些，纵其情而至于邪僻，桎其性而至死亡。然而求学之道，必须先明之于心，知道怎样养性，然后身体力行以求达到目标，就是所说的"自明而诚"。程颐认为，"自明而诚"之道在于"信道笃"、"行之果"、"守之固"、"仁义忠信不离于心"，就是要求学者无论做什么事都不忘"仁义忠信"，只有这样，才不会有邪僻之心产生。

程颐赞成古人颜渊"非礼勿视、非礼勿听、非礼勿言、非礼勿动"的克己思想，同时又指出颜渊墨守成规而不能化之的学习方法，是达不到圣人境界的主要原因。但他认为像颜渊这样有好学之心的人，如果不是早卒，时间长了也能达到化境（指达到一定精深的程度）。

程颐认为，颜渊以后的人们之所以达不到圣人境界，就是因为不懂圣人可学的道理。他们认为圣人是生而知之，不是可以学成的，所以失去了为学之道。一些人不求之于己而求之于外，以博闻强记、巧文丽辞作为学习方法，是难以达于"圣人之道"的。所以，程颐一生严格要求自己，一言一行，都以圣人为师表，无论为人还是治学，不达圣人境界绝不罢休。

◎故事感悟

正是由于程颐时刻正心克己，又掌握了正确的学习方法，最终才成为北宋著名的哲学家、教育家。我们在学习和工作中，也当正心克己，只有这样，才能使自己得到更好的发展。

◎史海撷英

"二程"创立"天理"学说

程颐与其胞兄程颢一起，创立了"天理"学说。程颢认为："吾学虽有所受，'天理'二字却是自家体贴出来。""理"因此也成为"二程"哲学的核心思想，宋明理学也由此得名。

二程兄弟所谓的"理"，既是指自然的普遍法则，也是指人类社会的当然原则，它适用于自然、社会和一切具体事物。这样，就将儒家传统的"天人合一"思想，用"天人一理"的形式表达出来了。中国上古哲学中"天"所具有的本体地位，现在开始用"理"来代替了，这也是二程对中国哲学的一大贡献。

赵叔平正心克己

◎知耻近乎勇。——《中庸》

> 赵概(生卒年不详),字叔平,他原名赵裡,后因梦中有神人在名册中书写"赵概"二字,遂即改名。宋朝南京虞城人,官拜观文殿学士,赠太子太师,谥康靖。

北宋时期的赵叔平,自幼刻苦攻读,天圣年间考中进士。他一生注意道德修养,乐善好施,受到了世人好评。

赵叔平认为,人的一生就应该多做善事,不做恶事。无论做善事,还是做恶事,都受思想支配。因此,他平时十分注重正心克己,不断清除自己的私心杂念,从而使善心永远战胜恶意。

为了检验自己的善恶之心,赵叔平曾找来三个器物,用一个器物装黑豆,一个器物装白豆,第三个器物空着。如果头脑中出现一个善念,他就取一个白豆投入第三个器物中;如果有一点儿私念或恶意出现,他就取一个黑豆投入第三个器物中。

到了晚间,他再把第三个器物中的白豆和黑豆倒出来数一数,以检验一天中的善念和私心杂念各有多少。

第一天过去了,赵叔平数了数第三个器物中的白豆和黑豆,结果是黑豆多而白豆少。他知道,自己的克己修养功夫还差得远。

第二天,赵叔平又数了数第三个器物中的白豆和黑豆,仍然是黑豆多而白豆少,但和第一天比起来,黑豆少了一个,白豆增加了一个。

第三天，仍然是黑豆多白豆少，但和第二天比起来，黑豆又少了一个，白豆又增加了一个。

过了一段时间，白豆和黑豆一样多了。

又过了一段时间，白豆多而黑豆少了。

又过了一段时间，空的器物中只有白豆而无黑豆了。赵叔平的心中只有善意而无私心杂念了。

◎故事感悟

赵叔平严于克制自己的恶念，只要头脑中私心杂念一闪，就要立即去掉，永远使心地纯一为善，一辈子不做坏事。当然，在现实生活中，我们虽然不能做到像赵叔平那样，但只要我们也时刻能严于克己、自律自省，那么我们的修养也必然会得到提升！

◎史海撷英

赵叔平气度非凡

赵叔平曾与欧阳修同在馆阁任职。赵叔平性情敦厚持重，沉默寡言，欧阳修很看不起他。等到欧阳修任知制诰（为皇帝起草诏令）之职后，便以赵叔平缺乏文采为理由，把他贬官为天章阁待制。赵叔平依然清静淡泊，并没有把这当回事儿。

后来，欧阳修的外甥女与人淫乱，忌恨欧阳修的人便借题发挥，以此事来诬蔑欧阳修。皇上十分生气，朝中大臣也没人敢为欧阳修说话。这时，只有赵叔平为欧阳修上书，说："欧阳修因文才出众才成为皇上的近臣，皇上不能随便听信谗言，轻易诬蔑他。我与欧阳修来往很少，他对我也不太好，但我关心的是朝廷的大体啊！"

有人对此很不解，就问赵叔平说："你不是与欧阳修之间有怨恨吗？"

赵叔平说："以私废公，我不能做这样的事。"

　　赵叔平上书为欧阳修说话，皇上很不高兴，最终欧阳修仍被贬官滁州。赵叔平后来执掌苏州，后又辞官守丧。守丧期满后，他被授职为翰林学士。这时，他再次上书，要求为欧阳修恢复官职。

　　虽然赵叔平的请求并没有被朝廷采纳，但当时的人们都非常赞赏他宽厚大度、以公为重、不计私怨的品行。而且通过这件事，欧阳修也知道了赵叔平原来是一位德高望重的长者，对他非常佩服，两人从此成为莫逆之交。

◎文苑拾萃

次韵和君贶会赵叔平少师

（宋）元绛

黄发逍遥并旧臣，燕间加意占先春。

成龙天外唯三友，积雪筵中止数人。

昔日荐才闻最课，当年诵赋得魁伦。

会须共作游河侣，五老星飞事更新。

"平生未尝有不可对人言者"

◎君子莫大乎与人为善。——《孟子》

> 司马光(1019—1086年),北宋时期著名政治家、史学家、散文家。北宋陕州夏县涑水乡(今山西运城地区夏县)人。字君实,号迂夫,晚年号迂叟,世称涑水先生。赠太师、温国公、谥文正。司马光自幼嗜学,尤喜《春秋左氏传》。

北宋著名政治家、史学家司马光的品德是一直受到世人称赞的,即使在政治主张上与他为敌的人也是如此。

他对父母长辈孝顺、对朋友很讲义气,办事尽心竭力,为人谦恭俭朴,一切都按礼法行事。尤其值得一提的是,从青春年少到老迈高龄,他没说过虚妄不实的话。

司马光曾和别人讲过:"我没有什么超过常人之处,只是平生所做的一切,从没有不能对人说的。"正因为他诚心诚意,不虚伪不做假,所以得到广大百姓的尊敬和信赖。

司马光对于各种财物的欲望是非常淡薄的,可是对各种知识几乎无所不通,只是不喜欢佛教和道教。他总是说:"在佛教和道教的内容中,真正给人启迪的义理,没有超过我平常念的书。那些不能启迪人的荒诞东西我不信。"

◎故事感悟

欧阳修达到了修身明德的至高境界。他的这种高尚品德,也正来自于平日的严于律己。我们在敬佩欧阳修崇高品德之时，也要以之为楷模。

◎史海撷英

司马光编纂《资治通鉴》

宋神宗熙宁年间，司马光强烈反对王安石实施变法，上疏请求外任。

熙宁四年（1071年），司马光被判西京御史台，自此在洛阳居住了15年，不问政事。在这段悠游的岁月中，司马光主持编撰了294卷300万字的编年体史书《资治通鉴》，耗时共19年。

《资治通鉴》上起周威烈王二十三年（公元前403年），下迄五代后周世宗显德六年（959年），共记载了16个朝代1362年的历史。他在《进资治通鉴表》中说："臣今筋骨癯瘁，目视昏近，齿牙无几，神识衰耗，目前所谓，旋踵而忘。臣之精力，尽于此书。"司马光为此书付出毕生精力，成书不到两年，他便积劳而逝。《资治通鉴》从发凡起例至删削定稿，司马光实都亲自动笔，不假他人之手。清代学者王鸣盛说："此天地间必不可无之书，亦学者必不可不读之书。"

◎文苑拾萃

楚宫行

（宋）司马光

楚王宫中夜未央，清歌秘舞会华堂。

木兰为柱桂为梁，隋珠和璧烂同光。

横吹乍鸣秋竹裂，繁弦初度春雨歇。

九微火树垂垂灭，罗衣纷纷玉缨绝。

满朝冠剑东方明，宫门未启君朝醒。

秦关日夜出奇兵，武安君火照夷陵。

刘伯温拂袖逐县令

◎无论学者博士圣徒，也无论圣明雄辩的人物，只要他一旦羡慕浮世的荣华，便是跌在蜜里的苍蝇，永难自拔。——格言

刘伯温（1311—1375年），字伯温，名基。浙江青田人。明初大臣、文学家。元末进士。曾任江西高安县丞、江浙儒学副提举，旋弃官隐居。后出任江浙行省都事，因反对招抚方国珍而被革职，乃回乡组织地主武装，镇压当地起义军。又著《郁离子》，以寓言形式批判元末暴政。后为胡惟庸所陷，忧愤而死。一说被胡惟庸毒死。谥文成。诗歌雄浑，散文奔放。有《诚意伯文集》。

刘伯温在帮助朱元璋统一天下之后，功成身退，辞京隐居青田山中。

听说刘伯温回到了青田，一县之尊的县令赶紧备了份厚礼，派人送到青田，并修书一封，把刘伯温大大地恭维了一番，还说要亲自前来拜见。刘伯温一见信和礼物，心里很不高兴，马上将那些礼物原封不动地退回，并表示拒绝接见。

县令当头挨了一棒，但他仍不甘心，心想，既然你刘伯温不肯见地方官员，那村野百姓总得见见吧！主意一定，他便脱下锦袍，穿上一套粗布衣，装作借宿的样子，寻找到刘伯温的家门口。

这时，刘伯温正在洗脚，见一个穷苦的百姓前来求宿，忙起身相迎，并让儿子将他带入伙房，给他饭吃，安排住宿。

这时候，县令心里喜得发痒，想自己已经踏进门来，你刘伯温不见也得见了，便说："刘国师，我是青田县令啊！"

刘伯温一听，不免吃了一惊，顿时想起不久前县令送礼求见之事，赶紧口称百姓，躬身拜谢。

这一拜，弄得县令不知如何是好，正想开言，只见刘伯温拜过之后站起，转身拂袖而去，再也不见出来。县令讨了个没趣，只好灰溜溜地回县府去了。

◎故事感悟

刘伯温清正廉明，而他的清正也正是因为他能够做到克己。古人云："以铜为镜，可以正衣冠；以古为镜，可以知兴衰；以人为镜，可以明得失。"刘伯温的高尚品德就像一面镜子摆在我们面前，值得我们学习和效仿。

◎史海撷英

刘伯温辅佐朱元璋

1360年，明太祖朱元璋向隐居在青田的刘伯温发出邀请。刘伯温经过思考后，终于决定出山辅助朱元璋，希望通过帮助朱氏打江山的方式来实现自己治国平天下的宏伟大志。

刘伯温初次与朱元璋见面，就提出了"时务十八策"。朱元璋不但没有责怪刘伯温，反而大喜不已，从此将刘伯温视为自己的心腹和军师。

刘伯温出山后，忠心耿耿地为朱氏政权效力，积极地为朱元璋出谋划策，为朱元璋制订了"先灭陈友谅，再灭张士诚，然后北向中原，一统天下"的战略方针。朱元璋得到刘伯温的辅助后，更是如虎添翼，基本也按照刘伯温为他定下的战略、战术行事，先用诱敌之计大败陈友谅，挫其锐气，再于1363年在鄱阳湖与陈氏决战，将其势力彻底消灭。第二年，他又依计将张士诚的势力消灭。然后，朱元璋派部队北上攻打元朝首都北京，同时准备在南方称帝。

1368年，朱元璋在南京登基称帝，建立大明皇朝，改元"洪武"。作为开国元勋之一的刘伯温被任命为御史中丞兼太史令。为了表彰刘伯温的巨大功勋，朱元璋还下诏免加刘伯温家乡青田县的租税，这也是处州地区唯一一个不加税的县。不久，朱元璋又追封刘伯温的祖父、父亲为永喜郡公。

◎文苑拾萃

田 家

（明）朱元璋

田家无所求，所求在衣食。

丈夫事耕稼，妇女攻纺绩。

侵晨荷锄出，暮夜不遑息。

饱暖匪天降，赖尔筋与力。

租税所从来，官府宜爱惜。

如何恣刻剥，渗漉尽涓滴。

怪当休明时，狼藉多盗贼。

岂无仁义矛，可以弥锋镝。

安得廉循吏，与国共欣戚。

清心罢苞苴，养民瘳国脉。

郁离子不谈酒色

◎如烟往事俱忘却，心底无私天地宽。——陶铸《赠曾志》

随阳公子（生卒年不详），明朝人。

明朝时期，有一次，随阳公子去访问隐居在山林中的郁离子（即刘伯温）。

双方坐定后，随阳公子起立开言道："我很早就听说过先生的大名了，十分敬仰先生，今天才有机会与您相见，特向您表示敬意。我想有道之士是不会遗弃一个草莽之人所讲的话的，我想向您谈一谈我的看法。"

郁离子虚心地说："愿意听你的教诲。"

随阳公子说："宏大的房屋，深宅大院，四周有围墙环绕。院中有宽阔的天庭，平坦如砥，两边有高楼环立，突室留春，清馆含秋，檐下有五彩的飞廊，层层相继的屋脊如天上的彩云。房屋由彩虹般的香木支撑着，保持平衡，雕刻着飞鸟走兽的美石承担着桓柱。浮柱交错如星罗棋布，碧瓦琉璃像荡漾着的水波。光彩夺目的奇花异草即使在冬天里也开花结果，秀美的高林在夏天凉爽宜人，浮光流影进入就变成彩霞，细乐微声响动便生出清风。摇动如街巷大开，飘忽似管弦齐鸣。于是美丽的舞女，拖着云烟般的翠绡罗裙，鸣响着像泉水琅琅的佩玉，翩翩起舞。华宴摆开，金樽陈上，澄清芳醴，杀牛宰羊烹鹿，有蚌汤鱼汁佐餐。把跳跃急流的鲜鲂鱼切成细片，把高飞云端的天鹅用火炙烧，敖月窟中的兔肺作汤，煮雾谷的豹胎而食。果品有碧华的莲子，紫英的雪梨。霜柑充满蜜汁，红荔犹如凝脂。吃饱喝足之后，献清新鲜

美的水果，踏着笙箫乐曲的节奏起舞，良宵苦短，直到雄鸡报晓，才奏起挽留嘉宾的雅乐。这一切是多么美好，我希望能和先生一起享受。"

郁离子听后，说："贪恋酒色，生活豪奢，如果是一个国君的话，只要占有一样就可以让他亡国啊。我不愿意这样生活。"

◎故事感悟

在社会物欲、私欲横流的现在，面对很多诱惑，有些人可能会做到像刘基一样克己修身，清心寡欲地对待；可是有些人就做不到，他们大开奢侈、不正之风。然而奢侈之风一开，思想就容易受到侵蚀，贪欲也就越来越大。那么这个无底洞到底要开到何时呢？直到所有都耗完为止吗？可见，时刻克己修身，以淡然之心对待外界的浮华，于人于己都是非常有必要的。

◎史海撷英

刘伯温忧病

刘伯温在青田隐居两年，本希望可以远离世间的是非争夺。可是，他的智慧和才能实在太高，名声也实在太大了，他甚至被民间百姓渲染成了一位活神仙般的人物，这就无法避免地遭到政敌的嫉妒和皇帝的猜疑。

洪武六年（1373年），刘伯温的政敌胡惟庸当了左丞相，便指使他人诬告刘伯温，说他想霸占一块名叫"茗洋"的"有王气"的土地作为自己的坟墓，图谋不轨。早就对刘伯温放心不下的明太祖朱元璋，听到诬告后果然剥夺了刘伯温的俸禄。

刘伯温非常惶恐，马上亲自上京向明太祖谢罪，并留在南京不敢回来。后来，奸臣胡惟庸升任右丞相，刘伯温更加忧虑，终于一病不起，不久就去世了。

伯颜不贪财色

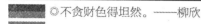

◎不贪财色得坦然。——柳欣

伯颜（1236—1295年），蒙古八邻部人，元朝大将。曾祖述律哥图、祖阿剌从成吉思汗征战有功，封为八邻部左千户及断事官。1273年，忽必烈汗任命他为伐宋军最高统帅。元世祖十一年（1274年），复任左丞相，总兵分三路攻宋，与阿术统中路，取鄂州、汉阳等地，沿长江东下，次年取黄州、蕲州、江州、安庆、池州等地，大败宋宰相贾似道军于丁家洲，收降太平州、滁州，下建康（今南京），寻进中书右丞相。二十四年（1287年），从元世祖讨平叛王乃颜之乱。二十六年（1289年），任知枢密院事，分院和林。三十一年（1294）年，世祖卒，受顾命拥戴铁穆耳即位，复任知枢密院事。同年十二月（1295年初）病卒。大德八年（1304年），追封淮安王。至正四年（1344年），追封淮王。有《丞相淮安忠武王碑》以志其功。

　　伯颜的曾祖父和祖父都曾跟随成吉思汗南征北战过，伯颜也是出生在西征的途中。长大后的伯颜相貌堂堂，智勇双全，一次被派做西征军的使者向忽必烈奏事，忽必烈见他气度非凡，就把他留在了自己的身边。

　　1274年，忽必烈拜伯颜为中书左丞相，率兵攻打南宋。临行前，忽必烈对伯颜说，当年宋太祖的大将曹彬攻打南唐时，从不滥杀无辜，因而一举平定江南。你也要体会我的心情，效法他啊，不要让我的人民横遭锋刃。

　　伯颜谨记忽必烈的嘱托，与大将阿术率领20万军队水陆并进，一路所向披靡，连败宋军。到达江州时，宋兵部尚书吕师夔不战而降，并在府中设宴款待伯颜。趁着酒酣耳热之际，吕师夔便将两位从宋宗室里挑选出来的女子作为礼物献给伯颜。不料伯颜大怒道："我奉天子之命，以仁义之师来向宋朝问罪，女色岂能动摇我的志向！"吓得吕师夔赶快跪地求饶。

战争期间，正逢疫病流行，老百姓贫病交加，饥饿难耐。伯颜下令开仓赈粮，为老百姓发药治病。百姓们都大为感激，称颂伯颜的军队为王者之师。

第二年，伯颜包围了临安，宋恭帝交出国玺，南宋灭亡。

临安城是南宋的都城，繁华富足，金玉珍异，应有尽有，但伯颜从不为所动。进入临安后，他首先下令封存府库，登记钱谷；又命令将士一律不得擅自进城，敢于暴掠者，军法从事。因而闹市商业区热闹如故，生意照常进行。

两个月后，伯颜又将宋皇宫中的祭器、仪仗、图书等全数北运，宋皇室成员也被押解至上都。忽必烈见状大喜，要重重地嘉奖伯颜，伯颜却谦虚地说："这是陛下英明决断，将士们英勇拼杀，我没有什么功劳。"

在欢迎伯颜凯旋的路上，权臣阿合马为了讨好伯颜，第一个向他道贺。为了表示谢意，伯颜就解下自己佩带的玉钩带送给阿合马，并说："宋皇宫中的宝贝确实不少，可我什么也没拿，希望你不会嫌我的礼薄。"

谁知道阿合马根本不相信伯颜的话，反而以为这是伯颜看不起自己，便暗暗怀恨在心，在皇帝面前诬陷伯颜私藏宋室至宝玉桃盏。忽必烈便暗中派人调查，结果因为没有证据而不了了之。后来阿合马死后，有人献玉桃盏，忽必烈才愕然道："差一点儿冤屈了忠良呀。"

◎故事感悟

"担头不带江南物，只插梅花三两枝"，伯颜就是这样一位不贪财、不爱色且品德高尚的将相良才。

◎文苑拾萃

醉　歌

（南宋）汪元量

衣冠不改只如先，关会通行满尘廛。

北客南人成买卖，京师依旧使铜钱。

伯颜丞相吕将军，收了江南不杀人。

昨日太皇请茶饭，满朝朱紫尽降臣。

平生只知"廉耻"二字

◎君子耻其言而过其行。——《论语》

> 杨鼎(1408—1485年),字宗器。明朝陕西咸宁人。1439年中榜眼,景泰三年(1452年),杨鼎升任侍讲兼中允,出任会试同考官。景泰五年(1454年)晋升为户部右侍郎。成化四年(1468年),升尚书。成化二十一年(1485年)六月,杨鼎去世,享年77岁。赠太子太保,谥庄敏。著有《助费稿》20卷。

少年时期的杨鼎,家境十分贫寒,但他刻苦好学,每日手不释卷。

宣德十年(1435年),杨鼎参加了陕西乡试,得中解元。因听说南京国子监祭酒陈敬宗知识渊博而有学行,便求人入南京国子监读书,不携一僮,刻苦力学。陈敬宗试其文,察其行,感叹道:"闭户端居,甘人所苦,生活又是那样简朴。"大力称赞杨鼎的贤能有才。

有一位郡守看中了杨鼎,想把自己的女儿嫁给他,杨鼎以未征得父母的同意而婉言拒绝了。于是,郡守又托杨鼎的同乡、兵部尚书徐琦对陈敬宗说:"杨鼎清贫,而郡守家很富裕,杨鼎的父母知道,也必定会同意。"陈敬宗也劝杨鼎答应了这门亲事,可杨鼎却借用古代典故说:"原宪虽贫,于道则富;猗顿虽富,于道则贫。杨鼎我怎么敢贪图富贵呢!"陈敬宗听后,更加敬佩杨鼎的行操。

杨鼎辞官居家时,修建了静善书院,专门聘请教师教授本乡的子弟。每当遇上灾荒年月时,杨鼎总是会拿出自己的积蓄去赈济周围的亲朋故友。

他曾对他的朋友和孩子们说过:"我这一生没有更多的可取之处,只是知

道什么是廉耻二字。"

起初的时候，杨鼎任负责太子事务的左中允，后来由于"才堪经理"，升任户部右侍郎。

在任户部侍郎时，杨鼎唯恐自己不胜任此职，特书"十思"于座位一边，用来时时提醒自己。这"十思"后来也一直为儒者奉为至理名言。

这"十思"是：气量要思宽宏，受到冒犯要思忍耐，辛劳之事要思先行，功劳要思谦让，就坐要思在下首，行走要思在别人之后，扬名要思收敛锋芒，禄位要思不厌卑下，守节要思有始终，退职要思以早为好。

◎故事感悟

克己明德，杨鼎做到了，所以赢得了大家的赞赏。杨鼎的"十思"也同样适用我们。在平日中，我们也当以这"十思"为准则要求自己。

◎史海撷英

杨鼎治世

明朝天顺年间，湖广一带连年遭灾，官仓中的粮食已赈济一空。朝廷便采纳了杨鼎的意见，将官仓所储银、布的卖出，换取大米备灾。

以前，淮、徐、临、德四大粮仓储粮百余万担，后来由于饷乏民饥，多被移用，以致四仓全无存粮。于是杨鼎又上疏，建议可以以粮赎罪，商人输粮入仓后，凭证可到转运提举司支取食盐；还可以以粮折钱、以粮代欠税等。杨鼎的建议被采纳后，各仓库都有了储备粮。不久，杨鼎加官太子太保。

何煊夜拒女子

◎克己修身能立德。——格言

何煊（1774—1837年），字允彪，初名何炳，号寅士。清朝嘉庆十四年（1809年）进士。祖父为何澋，父亲为何楷。曾任兵部主事、福州府知府、贵州贵西道、盐法道、广西按察使、云南按察使、陕西布政使、云南巡抚等官职。

萧山人何煊，清道光中叶曾任云南巡抚。

当他还是个生员时，借住在杭州郊外一个山村小庵中。有一天夜里，忽然有人敲门。他一开门，竟然是一个穿青衣的年轻女子。

女子轻轻地走了进来。何煊问她怎么回事，她说："我的丈夫出门很久了，今天突然得到他的来信，因我不识字，所以请先生来给我读一读。"

何煊把信放在一边，对她说："村中难道就没有识字的人了，为什么一定要半夜到这来求我呢？你能自己来，也能自己回去，不要再拖延了。"

这个女人面带愧色地走了出去。

◎**故事感悟**

在女色面前，何煊始终保持着克己之心，并以廉耻之仪教化女子，令人佩服！

◎ 文苑拾萃

律 己

佚 名

香会消，玉还碎，

生如尘，死作灰；

匆匆来，寂寂归，

苟富贵，心独累；

粗茶饭，病无摧，

结知音，青春回；

心孤傲，气血亏，

失良友，可知悔？

不物喜，不己悲，

宽待人，严律己。

真情在，和春醉。

ZHONGHUACHUANTONGMEIDEBAIZIJING

中华传统美德百字经

克·克己向善

第二篇

改过迁善

孔子赞誉过而改之

◎见善则迁，有过则改。——《周易·益象》

孔子（公元前551—前479年），名丘，字仲尼。春秋时期鲁国人。孔子是我国古代伟大的思想家和教育家，儒家学派创始人，世界最著名的文化名人之一，编撰了我国第一部编年体史书《春秋》。据有关记载，孔子出生于鲁国陬邑昌平乡（今山东省曲阜市东南的南辛镇鲁源村）；孔子逝世时，享年73岁，葬于曲阜城北泗水之上，即今日孔林所在地。孔子的言行思想主要载于语录体散文集《论语》及先秦和秦汉保存下的《史记·孔子世家》。

春秋时，宋国遭到了水灾。

鲁国派使臣去慰问说："天下大雨，庄稼受淹，灾情一定使你们感到忧虑，我们国君特意派我来向你们慰问。"

宋国国君回答说："是我不对，使用百姓服役太过度，违背了农时，上天惩罚我是应该的，但还让你们为我担忧，实在过意不去。我们感谢你们的慰问，并且深表歉意。"

孔子听到这个消息后，高兴地说："宋国一定会兴旺起来的。"

他的学生问："为什么呢？"

孔子说："古代的夏桀和商纣从不肯承认有过错，所以很快就灭亡了；而商汤和周文王敢于承认自己的过错，所以国家很快兴盛了。有错误只要能改正，那就不算是错误了。"

果然如此，灾年之后的宋国，上下一致，齐心协力，吊唁死者，慰问伤病，起早贪黑，共渡难关。三年以后，果然政治清明，粮食年年丰收。

◎故事感悟

　　知错能改是对自己负责，也是对家人负责，更是对国家负责。宋国国君明白这个道理，所以他能做到改过向善，使国家兴盛起来。人非圣贤，孰能无过？知错能改能使我们进步，能使整个社会进步。我们每个人都应该做到这一点。

◎史海撷英

孔子提倡以德治国

　　在治国的方略上，孔子主张"为政以德"，提倡用道德和礼教来治理国家是最高尚的治国之道。这种治国方略也叫"德治"或"礼治"。

　　这种方略将德、礼施之于民，实际上已经打破了传统的礼不下庶人的信条，也打破了贵族与庶民之间原有的一条重要界限。

　　孔子的仁说，体现了人道精神；孔子的礼说，则体现了礼制精神，即现代意义上的秩序和制度。人道主义这是人类永恒的主题，对于任何社会、任何时代、任何一个政府都是适用的，而秩序和制度社会则是建立人类文明社会的基本要求。孔子的这种人道主义和秩序精神是中国古代社会政治思想的精华。

◎文苑拾萃

孔子安贫乐道

　　孔子说："不义而富且贵，于我如浮云。"在孔子的心目中，行义是人生的最高价值。当贫富与道义发生矛盾时，他宁可受穷也不会放弃道义。

　　但是，孔子的安贫乐道并不能完全看作是不求富贵，只求维护道，这是不符合历史事实的。孔子也曾说过："富与贵，人之所欲也；不以其道，得之不处也。贫与贱，人之所恶也；不以其道，得之不去也。""富而可求也，虽执鞭之士，吾亦为之。如不可求，从吾所好。"

申不害知错改过

◎过而不改，是谓过矣。——《论语·卫灵公》

申不害（约公元前385—前337年），亦称申子。战国时期韩国著名的思想家。他在韩为相19年，使韩国走向国治兵强。作为法家人物，以"术"者称，是三晋时期法家中的著名代表人物。

申不害是战国郑国人，被韩国国君韩昭侯任用为国相。他治理韩国15年，使韩国国富民强、兵强马壮。

一次，他为其堂兄想向韩昭侯求官，被韩昭侯拒绝，申不害很不满意。

韩昭侯对他说："这种做法我没有从你那学过。我是听从你的请求而废弃你的主张呢？还是推广你的主张而拒绝你的请求呢？你曾告诫我按照功劳的大小，决定官位的等级，现在你又请求封你的堂兄为官，这样，我应听从哪种做法呢？"

听了这番话，申不害幡然悔悟。他立刻向韩昭侯请罪，并赞扬韩昭侯是真正的国君。

◎故事感悟

申不害认识到自己的错误，马上坦然认错。一个在现实社会中生活的人，因为主客观原因难免犯错。关键的问题是，犯了错误之后，如何对待错误，能不能知错就改，其结果就大不相同了。

◎史海撷英

申不害的变法改革

申不害在韩国实施了变法改革，首先就是整顿吏治，加强君主集权统治。在韩昭侯的支持下，他首先向挟封地自重的侠氏、公厘和段氏三大强族开刀，果断地收回了他们的特权，捣毁其城堡，清理其府库财富充盈国库，这不仅稳固了韩国的政治局面，还使韩国的实力大增。

与此同时，申不害还大行"术"治，整顿官吏队伍，对官吏加强考核和监督，"见功而与赏，因能而授官"，从而有效地提高了国家政权的行政效率，使韩国显现出一派生机勃勃的局面。

◎文苑拾萃

《申子》节选

（春秋战国）申不害

明君如身，臣如手；君若号，臣如响。君设其本，臣操其末；君治其要，臣行其详；君操其柄，臣事其常。为人臣者，操契以责其名。名者，天地之纲，圣人之符，则万物之情，无所逃之矣。故善为主者，倚于愚，立于不盈，设于不敢，藏于无事，窜端匿疏，示天下无为，是以近者亲之，远者怀之。示人有余者，人夺之；示人不足者，人与之。刚者折，危者覆，动者摇，静者安。名自正也，事自定也。是以有道者，自名而正之，随事而定之也。鼓不与于五音，而为五音主；有道者不为五官之事，而为治主。君知其道也，臣知其事也。十言十当，百为百富者，人臣之事，非君人之道也。

楚共王临终醒悟

◎以铜为镜，可以正衣冠；以古为镜，可以知兴替；以人为镜，可以明得失。——《旧唐书·魏征列传》

楚共王（公元前600—前560年），名芈审。楚庄王之子。时年幼，由重臣令尹（相当于丞相）子重专政，楚共王六年（公元前585年）发生"子仪之乱"，大夫析公逃到晋国，成为谋士，这就是"楚才晋用"的典故。

春秋时，楚共王病重的时候召进令尹说："我的侍从官莞苏和我在一起的时候，经常用事理来忠告我，用大义来匡正我，我跟他在一起，心情总是不痛快，看不见他，我从来也不会想念他。但是，尽管如此，对我却很有好处，他的功劳是不小的，我一定要赐给他更高的爵位。而大臣申侯伯和我在一起的时候，经常纵容我寻欢作乐，我所愿意做的事，他总是劝我去做；我所喜好的东西，他总是首先用。我跟他在一起，心情总是很高兴，看不见他，心情总是闷闷不乐。但是，尽管如此，对我却没有一点儿好处，他的错误是不小的，我一定要把他赶走。"

令尹回答说："好！"

第二天，楚共王就病逝了。

令尹遵照楚共王的遗言，任命莞苏为上卿，并把申侯伯驱逐出境。

◎故事感悟

虽然楚共王的醒悟有些迟，但他还是能够弥补自己的过错"亡羊补牢，为时不晚"。这个故事值得反省：现在有些人明知自己有错，却讳疾忌医，既不承认错误，又拒不接受别人的批评教育和帮助，形成心理和行为上对抗情绪，结果必然是死要面子反而失了面子，甚至使小的错误发展成大的错误，影响了自己的前途。

◎史海撷英

鄢陵之战

公元前575年6月，晋国和楚国在鄢陵地区展开了一场大战，史称鄢陵之战。

在这场战役中，晋军善察战机，巧妙指挥，击败了同自己争霸中原的楚国，进一步巩固了自己在中原地区的优势地位。

战争后，晋、楚两国都逐渐失去了以武力争霸中原的强大势头，中原战场开始沉寂下来。

鄢陵之战是晋楚争霸战争中的第三次，也是最后一次的两国军队主力会战，在历史上具有重要的意义。它标志着楚国对中原的争夺从此走向颓势，晋国方面虽然借此得以重整霸业（即所谓的晋悼公复霸），但其对中原诸侯的控制力也逐渐减弱。此后，楚国在不断地争夺中一直处于劣势和被动位置，楚共王也未能在文治武功上取得更大的突破。

孙策母训子

◎过而不能知，是不智也；知而不能改，是不勇也。——李觏《易论第九》

孙策（175—200年），字伯符。吴郡富春（今浙江富阳）人。孙坚之子，孙权长兄。东汉末年割据江东一带的军阀，汉末群雄之一，三国时期吴国的奠基者之一，绰号“小霸王”。为继承父亲孙坚的遗业而屈事袁术，并在讨伐割据江东的各军阀的过程中增强自身军事实力，终于统一江东。后因被刺客淬毒刺伤后身亡，年仅26岁。其弟孙权称帝后，追谥他为长沙桓王。

三国时期，吴国将领魏腾因为与孙策意见不同而冲撞了他，孙策要处死他。

当朝的士大夫对孙策的这个决定深感忧恐不安，因一件事就治功臣死罪，这种处置极为不当，但又没人敢冒死罪进谏孙策。

孙策的母亲吴夫人，想出一个训子的办法。

她倚在一口大井边对孙策说：“你刚刚开辟江南属地，今后的事情还很多，要用许多有勇有谋的人，对他们要以礼相待，多记功劳，少记过失，这样才能笼络人心。像魏腾这样尽忠尽职的将领，只因一点点小错你就要把他杀了，怎么能服人心呢？今天你杀一个，明天就可能众叛亲离。你如果坚持要杀他，那么我不忍看到以后的祸事，不如早投此井，一死了之。”

孙策听后十分震惊，连忙放了魏腾。

◎故事感悟

母亲不惜以死教导，儿子的成功也是理所当然。孙策的母亲用适当的方式给孙策上了重要的一课。而孙策知错能改，接受母亲的批评，改过向善，这一做法也是深得人心。

◎史海撷英

孙策平定江南

199年十二月，孙策引兵西征黄祖，刘表派侄儿刘虎和南阳人韩晞带领长矛队五千多人赶来支援黄祖。11日，孙策率领周瑜、吕蒙、程普、孙权、韩当、黄盖等将领同时并进，与敌大战，黄祖几乎全军覆没。最终黄祖脱身逃走，士卒溺死者达万人，孙策缴获战船六千余艘。

随后，孙策又一鼓作气，东进豫章，驻军椒丘（江西新建县北）。他对虞翻说："华歆名闻于世，但绝非我的对手。如果不早归附，将来金鼓一震，战局一开，伤害侵凌，在所不免。你先进城去，把我的意思说给他听。"虞翻领命进城，见到华歆，陈明利害，华歆举城投降。

孙策从豫章郡中分出一部分，设立庐陵郡，任孙贲为豫章太守，孙辅为庐陵太守，而留周瑜镇守巴丘。

孙策还先后击破邹伦、钱铜、王晟、严白虎等部，于是疆宇平定。

曹操闻知孙策平定江南，叹息说："猘儿难与争锋也！"于是，就将从弟曹仁的女儿许配孙策的弟弟孙匡，又让儿子曹彰娶了孙贲的女儿，并以礼征召孙权、孙翊，命扬州刺史严象推举孙权为茂才。

◎文苑拾萃

孙伯符墓下

（宋）周弼

梧叶萧萧墓草长，梦魂曾断九回肠。
空闻绛帕离章水，谁见黄旗入洛阳。
鸦噪暮园江阪迥，龙盘春戌石城荒。
赤乌不识桑田变，犹自凄凄守白杨。

张昭劝君戒酒

◎闻过则喜，知过不讳，改过不惮。——陆九渊《与
傅全美》

张昭（156—236年），字子布。东吴第一谋士。孙策平定江东时，周瑜向孙策推荐张昭，孙策亲自登门请张昭，张昭遂出山相助，在孙策平定江东的战斗中起了很大的作用。孙策平定江东后，张昭几度向孙策表明了西征黄祖的重要性。孙权继位后，果然西征灭了黄祖。后张昭辞官归乡，安心养老，并注释了《春秋左传》。236年，张昭病逝，孙权亲自为张昭吊孝。

三国时期，吴王孙权一次在武昌城钓鱼台旁与众臣痛饮，喝得酩酊大醉。他对大家说："今天必须喝得醉倒在钓鱼台才能停饮。"

辅国大臣张昭在一旁一言不发，神情严肃。他看不惯孙权这种寻欢作乐的举动，便离开宴席，坐到外面的马车里。

孙权发现后，马上派人请他进去，并说："你应当与我一起饮酒为乐，为什么不高兴呢？"

张昭说："古时商纣就是这样在钓台边通宵饮酒作乐，他当时以此为乐，并未意识到这是贻误国政的祸事，最后导致丧权亡国。"

孙权听了张昭的这番话，默不作声，面带羞愧之色。

从此以后，孙权便不再举行此类饮酒的事了。

◎故事感悟

孙权有改过的勇气，值得后人学习。人最重要的态度是知错能改，古人说知

错能改善莫大焉，有良知的人必须以恕己之心恕人。知道自己有了错误能及时改正，是一件好事，更是一种善举。

◎史海撷英

赤壁之战

200年，曹操南征，大败宜城亭侯、左将军、豫州牧刘备。曹操在占领江陵（南郡治所）后，就给孙权写了一封信，直意要取下东吴。

当时，东吴内部分为主战派和主和派两派，主战以鲁肃、周瑜为首，主和以张昭为首。张昭在当时是很有说服力的，但孙权却有意要与曹操决一死战。此时，鲁肃从江夏带来了刘备的军师诸葛亮，表明刘备联吴抗曹的决心。周瑜也及时返回，说明曹操的种种弊端，战有望获胜。于是，孙权果断决定，以周瑜、程普为左右都督，与曹操决战。周瑜用黄盖诈降的计策，以三万人于赤壁大破曹操。这便是历史上有名的赤壁之战。

◎文苑拾萃

南乡子·登京口北固亭有怀

（宋）辛弃疾

何处望神州？满眼风光北固楼。
千古兴亡多少事？悠悠！
不尽长江滚滚流。
少万兜鍪，坐断东南战未休。
天下英雄谁敌手？曹刘！
生子当如孙仲谋。

简雍巧劝刘备

◎有则改之，无则加勉。——朱熹《四书章句集注·论语集注卷一》

刘备（161—223年），即蜀汉昭烈帝。字玄德。涿郡涿县（今河北涿州）人，据说是汉中山靖王刘胜的后代，三国时期蜀汉开国皇帝，政治家，221—223年在位。谥号昭烈帝，庙号烈祖，史家又称他为先主。

三国时期，蜀国官吏简雍从小就与刘备有交情，因此在刘备面前常常不拘礼节。但他很会借题发挥，讽劝刘备。

当时蜀地遇到大旱，刘备下令不许饮酒、酿酒，如果有违令者，要处以刑罚。

在执行此项禁令中，有的官吏从百姓家中搜出酿酒的器具，竟以酿酒者同罪。

简雍为了劝说刘备，便与他一同外出散步，遇到一对男女同行。

简雍说："那两人有不轨的行为，你为什么不抓他们？"

刘备说："你怎么知道？"

简雍说："只要男女在一起就是有淫乱之事，这不就像那些有酿酒器具的人一样也应治罪吗？"

刘备听后大笑起来，知道简雍是借此批评自己，便下令宽恕那些有酿酒器具的人。

◎故事感悟

简雍的巧谏使刘备意识到了自己的错误并及时改正。人非圣贤，孰能无过。这是一位名人留给世人的一句至理名言，它包含的意义深刻，蕴含着丰富的哲理。它精辟地阐明了人并非天上的神仙，怎会没有过错呢？但能够认识到自己的错误，并加以改正，也能得到别人的赞许。

◎史海撷英

刘备争夺汉中

从217年冬天到219年的5月，刘备为了争夺汉中，与曹军展开了全力以赴的作战。经过一年多的苦战，最终迫使曹操从汉中撤兵，刘备全部占领了汉中地区。

刘备一生中曾多次直接与曹操作战，但总是遭到失败。这一次，也是最后一次与曹操的作战，刘备不仅没有被曹操打败，反而还赢得了战略上的胜利。

在曹操的主力还未达到前，刘备一直采取的是积极进攻的战略。虽然开始阶段并不顺利，但刘备坚持不懈，终于在曹操主力到来前击败了夏侯渊，赢得了战场主动权。

在曹操主力到达后，刘备则坚持依险固守，拖垮曹军的战略，使曹操求战不能，攻坚不下，运输困难，士气低落，最后终于达到了逼走曹操、占领汉中的目的。

在这场战役中，诸葛亮在后方没有直接参战，但却充分保证了大军的后勤供应，还在战事最关键的时候派去了增援部队，确保了击败夏侯渊战斗的胜利。

◎文苑拾萃

杂咏一百首·刘备

（宋）刘克庄

华容芦荻里，一炬可无遗。

叹息刘玄德，平生见事迟。

戴渊片言改过

◎不贵于无过，而贵于能改过。——王守仁《改过》

戴渊（269—322年），字若思。广陵（今江苏扬州）人。东晋忠臣。任征西将军，都督北方军事，位在祖逖之上。永昌元年（322年），大将军王敦作乱，他率军救援建康，兵败被害，死时仅54岁，谥曰简。

戴渊是东晋时期人，从小生活在广陵（今江苏省扬州市）。他小时候机灵聪颖，五六岁时就能像一个将军一样指挥邻居家的孩子们游玩，甚至一些年龄比他大的孩子也心甘情愿地受他指挥。人们都夸奖戴渊是个难得的人才。

可是当戴渊稍大一些时，却变得不肯读书了。后来干脆弃学，在外面游荡，动不动就和人动武打架。还常常指挥他的一帮小兄弟到处偷吃扒拿，扰得整个地方乌烟瘴气，谁见了他都害怕。

戴渊的父母初时对他还苦苦劝诫，可没有用。戴渊的父母被气得捶胸顿足，但又毫无办法。实在忍无可忍，便把他赶出了家门。

戴渊离家之后再也没有人管束了，他竟更加无法无天了。他纠集了一群无赖少年，流窜在长江、淮河一带，专门干些打家劫舍，拦路抢劫的勾当。来往的车辆舟船，只要被他们盯上，没有一个不被抢劫的。一时，弄得江淮一带的行人只好绕道而行。

官府派人去捉拿戴渊一伙，但是每次都被他们逃脱了。有几次虽然捉住他的几个同伙，却招惹了更多的麻烦，戴渊指使他的人将官府也洗劫一空。

一些无能官吏十分害怕，只好辞官还乡。

有一天，同伙向戴渊报告，说是在长江发现一条大船，船上装满了包裹箱笼，随船的人也不多。

戴渊一听，高兴得不得了，以为有"大鱼"来了，立刻带领手下的人到江边察看。果然见到一条大船在江面上缓缓地逆水而行，船身装饰华丽，船头和船艉都堆满了箱笼，船上只有几名船夫。

戴渊一伙见了，喜从天降。戴渊如此这般地吩咐几句，他手下的人便飞快地跑开了。

再说在这条大船上的不是别人，正是东吴很有名望的学者陆机。陆机此时乘船到洛阳去休假，没想到在这里遇到了戴渊一伙。

这陆机毕竟是个胸怀坦荡的学者，处变不惊，他见有人来抢劫，仍然镇静自若地走出船舱，站在船头仔细瞭望。

只见戴渊坐在江边的一张交椅上，神情自若地指挥着一群少年进行抢掠，每个指令都是那样得当，那样有条不紊。那些少年在他的指挥下动作也都很麻利、果断。

陆机看了，不由得暗暗称奇。再仔细一看戴渊，只见这位翩翩少年的神情姿态无不超群出众，虽然是在干着抢劫的勾当。

陆机看过之后，不由得扼腕叹息："可惜，可惜！"西晋末年，是我国历史上兵荒马乱的时期，北方的少数民族不断南侵，而晋朝统治者却过着骄奢淫逸、醉生梦死的生活，那正是朝廷迫切需要人才的时候，如果能使戴渊这样的人幡然悔悟，弃暗投明，对国家是很有好处的。

陆机想到这些，便从容不迫地走到船艉，和颜悦色地对岸上的戴渊说："我刚才看你指挥手下人时的神情，就像一个指挥作战的将军一样，你既然有这么大的才能，为什么不能做点有利于国家的事业，却要在这里干这种鸡鸣狗盗见不得人的事情呢？"

戴渊在岸上也早已注意到陆机了，他看到手下人跳上陆机的船只抢劫时，陆机镇静自若，毫无惧色，心里暗暗称奇。他想："我在江湖闯荡已经多年，从来没有见到这样的客人，大难临头却神情自若，面不改色！"

当陆机走到船艋来和他讲话时，戴渊发现陆机确实是个知书达理、气质不凡的人，心里先有了几分敬畏，又听陆机说出上面这些不同凡响的话来，不由得惭愧万分，无地自容。

当他得知面前这位和善的长者就是当时远近闻名的学者陆机时，立刻拜倒在地，请求陆机宽恕。

陆机微笑着说道："我刚才问你的话，你还没有回答我呢！大丈夫生当尽忠报国，死也要死得其所，你为什么偏偏要在这江湖上鬼混，干那些伤天害理的事情呢？"

戴渊涕泪交流地哭诉道："我从小不读诗书，不明事理，干了不少坏事，被父母赶出家门，从此破罐子破摔，弄得天怒人怨。现在我不做这些事又能做些什么呢？再说，我现在名声这样恶劣，谁还会收留我呢？"

陆机沉吟了一会儿，对戴渊道："你能有这样的想法，说明你的天良还没有泯灭，还没有到完全不可救药的地步。只要你能痛下决心，弃恶从善，以你这样的才能是完全可以为国家作出一番事业的。"

戴渊听了陆机的这番教导，觉得自打出生以来，从来没有人这样真心、友善地对待自己、关心自己。他不由得心里一热，连忙扔掉手中的武器，对陆机再次下拜，恳求归附陆机。

陆机见他言辞恳切，确有悔改之心，便欣然同意。从此，戴渊虚心诚意地跟随陆机读书学习，他十分勤奋，进步极快，终于成为一个为人正派、言谈举止严肃认真的人。

陆机见戴渊已经彻底脱胎换骨，悔过自新，成为一个有教养的人，对他更加器重，与他结为好友，又推荐他出来任职。戴渊果然不负众望，指挥军队作战得心应手，打了许多胜仗。戴渊后来成为东晋大将，官封征西大将军，为抵抗外族入侵、保家卫国作出了很大的贡献。后来戴渊为东海王越军咨祭酒，出任豫章太守。

◎故事感悟

戴渊是改过向善的典范。这个故事也说明：人生在世，难免会做错事、走错路，但浪子回头金不换。戴渊能够听从规劝、改正错误，使自己成为对国家有用的人，并建立功业，值得称颂。

◎史海撷英

王敦之乱

永昌元年（322年）正月，王敦从荆州起兵，以诛刘隗为名进攻建康。司马睿闻讯后大怒，遂命刘瑰等人赶往建康准备防守。不仅如此，司马睿还亲自披甲出镇城郊。

王敦率军一路前进到石头城（建康西边的军事要塞），本来他打算进攻刘隗镇守的金城，但杜弢劝他先攻石头城。王敦听从了杜弢的建议。守将周札开城门投降，王敦又击败了戴渊、刘隗、王导、周顗、郭逸和虞潭的进攻，刘隗和刁协北走。

王敦攻入石头城后，并不急着到建康朝见司马睿，反而拥兵在石头城，更是放纵兵士四处劫掠。官众因乱逃走，只留下安东将军刘超领兵与两名侍中一同侍奉司马睿，司马睿也只得求和。

王敦见到王导时，怪责王导在当日司马睿继位前不听他劝，改立幼主而让他可以专擅朝政，才令内乱发生，几乎令王氏覆灭。但王导仍秉正地与王敦议论，王敦无法争辩。后来，王敦自任丞相、江州牧，进封武昌郡公，又加羽葆鼓吹，让太常荀崧拜授，王敦曾假意辞让。

王敦又杀了周顗、戴渊，更因太子司马绍为人有勇略，意图诬陷他不孝而废掉他，但遭到了温峤的大力反对而不能成事。

不久后，王敦便回到武昌，遥控朝政。得势后，王敦开始谋害易雄等忠良之士，又在朝中树立党羽，将相州牧都是王氏族人，而且又以沈充、钱凤二人为谋主，纵容手下为非作歹，无法无天；有识之士都知道王敦很快会败亡。其堂弟王

棱曾不断劝谏王敦，但却遭到王敦暗杀。王敦后又自领宁州和益州都督。同年，司马睿因忧愤而死，由太子司马绍继位，是为晋明帝。

◎文苑拾萃

世说新语·自新

（南朝·宋）刘义庆

　　戴渊少时，游侠不治行检，尝在江淮间攻掠商旅。陆机赴假还洛，辎重甚盛，渊使少年掠劫。渊在岸上，据胡床指麾左右，皆得其宜。渊既神姿峰颖，虽处鄙事，神气犹异。机于船屋上遥谓之曰："卿才如此，亦复作劫邪？"渊便泣涕，投剑归机。辞厉非常，机弥重之，定交，作笔荐焉。过江，仕至征西将军。

周处自新

◎良药苦于口而利于病，忠言逆于耳而利于行。——《孔子家语》

> 周处（238—299 年），字子隐。东吴吴郡阳羡（今江苏宜兴）人。鄱阳太守周鲂之子。周处年少时纵情肆欲，为祸乡里，为了改过自新去找名人陆机、陆云，后来浪子回头，改过自新，功业更胜乃父，留下"周处除三害"的传说。吴亡后周处仕西晋，刚正不阿，得罪权贵，被派往西北讨伐氐羌叛乱，遇害于沙场。

西晋初年，吴郡义兴（今江苏省宜兴县）有个少年名叫周处，字子隐。他的父亲周鲂，曾任鄱阳太守，不幸早逝。

周处幼年失父，母难管教，与里中一些恶少往来，沾染恶习，经常提枪使棒，惹是生非，闹得鸡犬不宁，人人痛恨。当时义兴河中有条恶蛟，常常兴风作浪，乘机吞食河边打鱼、洗衣之人。南山有只白额虎，常在日间下山咬伤人畜。所以，人们把恶蛟、猛虎与周处合称为"三横"（即三害），认为周处的凶横和危害更在蛟、虎之上。义兴的百姓都希望能够除掉"三横"，过安生日子。当时有个书生很关心民情，便想了个办法来除治三害。

有一天上午，周处正在园中舞剑，只见寒光闪闪，冷气森森，疾如闪电，矫若游龙，恶少们连声叫好，书生看了也禁不住赞叹起来。周处舞毕，书生便上前拱手为礼："公子剑术出众，令人眼花缭乱，佩服！佩服！"

周处把宝剑插入鞘内，得意洋洋地说："区区小术，何足夸奖。"

书生见他志得意满，便故意激他道："可惜公子剑术虽精，却无用武之处。听说南山有只猛虎，经常伤害人畜，至今无人敢上山打柴，不知公子可

有胆量，独自上山刺杀恶虎？"

又说："公子神勇过人，不亚鲁国卞庄，只是猛虎易杀，恶蛟难斗，公子要能下水斩蛟，方显得真本事！"

周处满不在乎地说："今日天色已晚，明天再看我上山杀虎、下水斩蛟吧！"

第二天，周处便手提宝剑，把老虎一剑刺死后，又下河与恶蛟搏斗。

百姓们见周处与恶蛟杀得难解难分，渐游渐远，三天三夜都没有回来，以为他和恶蛟全都死了，于是纷纷走上街头，敲锣打鼓，燃放鞭炮，相互庆贺。

一个白发苍苍的老头笑对书生说："多亏先生巧计，激周处刺虎斗蛟。如今蛟死处亡，三横尽除，我们老百姓就可以长久过安生日子了！"

一个身材魁梧的小伙子满斟了一杯酒，递到书生面前说："先生巧计除三害，为百姓做了大好事，我敬你一杯！"

接着许多百姓纷纷敬酒，表示感谢，书生难却盛情，喝得酩酊大醉。

这时周处已经杀死恶蛟，精疲力竭地从水中出来了。他以为自己刺虎斩蛟，乡人一定会赞扬自己是盖世无双的英雄，谁知回城后，却见到人们为他与恶蛟俱死而热烈庆贺，才知道自己与猛虎、恶蛟一样，同为乡人憎恶。他感到心里很不好受，也不愿同乡亲们见面，就迈着沉重的步子，悄悄地走回家去。

回到家里，周处感到又冷又饿，马上换了干衣服，又喝酒暖身，热点冷饭来吃，精神才稍微好些，就倒床休息。谁知一想到日间百姓的议论，翻来覆去睡不着。为什么做了好事乡亲们还憎恶自己呢？难道这是因为自己过去横行乡里，给乡亲留下了同猛虎、恶蛟一样的印象吗？他越想越难受，渐渐有了改过自新的想法。

周处听说本郡吴县华亭（今上海市松江县）的平原内史（官名）陆机和清河内史陆云两兄弟很有才学，乐于助人，渴望向他们请教，诉说自己的苦闷。于是第二天便带上银钱，骑上快马，直奔吴县。谁知到了华亭，陆机有事外出未归，只陆云一人在家，周处便直接去见陆云。

陆云见周处一身轻装，气宇轩昂，不远千里前来看望自己，便热情地请他坐下，亲自奉上香茶。

周处恭敬地说："久闻陆氏兄弟大名，海内文宗，人人尊仰。周处今有一事不明，特来请教。"接着他把刺虎、斩蛟，反被人憎恶的事说了一遍，又继续谈道："如今我想痛改前非，但岁月不居，青春已逝，恐怕改后也是一事无成，反为人所笑。"

陆云劝慰他说："《论语》说：'朝闻道，夕死可矣。'早上知道了为人之道，就是当天晚上死去，也不会感到遗憾。何况你正当壮年，还有远大的前途呢！一个人，就怕没有志气，只要能立大志，有过即改，还愁什么美名不能远扬么？"

周处高兴地说："闻听先生金玉良言，大开茅塞。周处不才，定当改过自新，做一个顶天立地的男子汉！"

陆云见周处心胸开阔，知过即改，也很高兴。留他盘桓了几天，谈论天下大事，为人之道，求学之途，使周处大开眼界。临行时还赠送了周处一些经史之类的书籍。

周处回家以后，断绝了同恶少们的往来，闭门思过，刻苦攻书，学识大进。对人也分外和气，乐于为乡里做好事。乡亲们都为周处的变化感到高兴。

后来，上司知道了周处的德才，向朝廷举荐，朝廷任命周处为御史中丞（御史台长官）。到职以后，周处秉公执法，不畏权贵，敢于弹劾那些违法乱纪、残害百姓的官吏，受到了人们的敬重。

◎故事感悟

正所谓"过而能改，善莫大焉"、"浪子回头金不换"，周处接受批评，能够洗心革面、改恶从善，终于成为国家有用之才。这说明，犯了错误不要紧，只要能够勇于改正，同样可以成为有用的人。

◎史海撷英

周处仕晋

三国时期的吴国灭亡后，大批的吴臣出仕于晋，周处也名列其中，出任柳州新平（今陕西彬县）太守，处理边疆民族问题很有成绩，外族归附而有美名。

此后，周处又转任梁州广汉（今四川射洪）太守，处理争讼详细正直，平息缠讼经年案件。后来由于母亲年迈而辞官归里，不久后再次被征为楚内史，尚未到任，又被征召入京担任散骑常侍。

周处认为，自己应当"辞大不辞小"，因此先到楚国赴任，有安抚教化等治绩，然后才入朝为官，此行为世人所称道。

◎文苑拾萃

咏史下·周处

（宋）陈普

白额长蛇已就戡，不知贾郭更难堪。

东吴陆喜乡先罪，五等还应有第三。

唐太宗责己

◎改身之过，迁身之善，谓之修身。——颜元《颜习斋先生言行录》

唐太宗李世民（599—649年），陇西成纪人，祖籍赵郡隆庆。政治家、军事家、书法家、诗人。即位为帝后，积极听取群臣的意见、努力学习文治天下，成功转型为中国史上最出名的政治家与明君之一。唐太宗开创了历史上的"贞观之治"，经过主动消灭各地割据势力，虚心纳谏，在国内厉行节约，使百姓休养生息，终于使得社会出现了国泰民安的局面。

这个故事发生在唐太宗当皇帝的第二年。

有一次，唐太宗命令太常少卿祖孝孙教宫女们音乐。因为教得不够好，唐太宗就责骂祖孝孙。

见到这种情景，温彦博和王珪两位大臣对唐太宗说："祖孝孙是位受人敬重的文士，陛下让他教宫女，又来责备他，我们认为这样做是不合适的。"

唐太宗听了之后，非常生气，对他们说："我诚心诚意、推心置腹地对待你们，你们应该尽心竭力、忠心耿耿地对待我；现在却对我不予维护而袒护下边，替祖孝孙来分辩、讲理。"

彦博不敢再争辩了，而王珪却说："陛下平时要我们忠诚、正直，现在我们讲的难道是偏私阿曲的行为吗？这是陛下你对臣等有亏，而并不是我们对陛下您无礼啊！"

唐太宗听后不再说话了。

第二天，他对大臣房玄龄说："自古帝王纳谏实在难，我昨天错误地责备

了温彦博和王珪，到现在还很后悔！你们千万不要因此而不敢进言啊！"

◎故事感悟

唐太宗心胸宽广，能够勇于承认自己的过错，是个难得的明君。太宗谦虚和勇于改过的事迹史不绝书，其"镜鉴理论"和"水舟关系论"更是深入人心，符合寡私欲而好仁德的标准。

◎史海撷英

农妇称"皇帝"

在中国古代历史上，在武则天称帝之前，就有一位普通的妇女自称为"皇帝"了，她就是农民起义领袖陈硕贞。

陈硕贞本来是一位普通的农村妇女，由于无法忍受豪强地主的剥削和压迫，便以宣传宗教为名，秘密发动农民起来反抗朝廷。没几年，附近的农民便都参加了她所组织的教门。

唐高宗永徽四年（653年）秋天，陈硕贞宣布起义，自称为文佳皇帝。她也成为中国战争史上第一个称帝的妇女。陈硕贞任命她的妹夫章叔胤为仆射，任命章文宝为大将。附近的农民纷纷响应，起义军很快发展到几万人。

起义军在章叔胤的率领下，首先攻克了桐庐。接着，陈硕贞又亲自带兵，攻下了睦州和于潜。随后，起义军又发兵攻打歙州（歙，今安徽省歙县）、婺州（婺，今浙江省金华县），声势越来越大。

653年11月底，扬州刺史房仁裕率领部队到达婺州，与崔义玄前后夹击陈硕贞领导的起义军。战斗进行得相当惨烈，参战的数万军，最后除一万多被俘外，其余大部战死。"文佳皇帝"陈硕贞及仆射章叔胤也在战斗中被俘，最后英勇就义。

◎ **文苑拾萃**

经破薛举战地

（唐）李世民

昔年怀壮气，提戈初仗节。

心随朗日高，志与秋霜洁。

移锋惊电起，转战长河决。

营碎落星沉，阵卷横云裂。

一挥氛沴静，再举鲸鲵灭。

于兹俯旧原，属目驻华轩。

沉沙无故迹，减灶有残痕。

浪霞穿水净，峰雾抱莲昏。

世途亟流易，人事殊今昔。

长想眺前踪，抚躬聊自适。

郭子仪知过善改

郭子仪（697—781年），中唐名将。汉族。华州郑县（今陕西华县）人，祖籍山西汾阳。以武举高第入仕从军，累迁至九原太守、朔方节度右兵马使。天宝十四载（755年），"安史之乱"爆发后，任朔方节度使，率军收复洛阳、长安两京，功居平乱之首，晋为中书令，封汾阳郡王。代宗时，又平定仆固怀恩叛乱，并说服回纥酋长，共破吐蕃，朝廷赖以为安。史称"权倾天下而朝不忌，功盖一代而主不疑"。赐谥忠武，配飨代宗庙。

唐大历年间，朔方节度副使张昙性格刚正率直，关内副元帅、河西节度使郭子仪误以为张昙凭仗战功轻视自己，于是怀恨在心。

孔目官吴曜是郭子仪提拔起来的亲信，他深知郭子仪的心思，就搜集了一些材料，然后罗列起来诬陷张昙。

郭子仪听了以后，立即上奏，告张昙煽动部下谋反，结果张昙含冤被杀。

掌书记高郢曾为张昙据理力争。郭子仪不但不听，反而把他贬为猗氏县县丞。

后来很多将校、僚属借故请求调离，郭子仪这才醒悟过来。

他后悔极了，于是郭子仪实情作为教训报告给皇上，而且说："这是吴曜害我！"然后把他轰走了。

◎故事感悟

郭子仪确实是犯了个大错误，但他能够从错误中总结出经验和道理，并能够马上作出处理，也是很可贵的。在犯了错误之时，我们也要勇于承认，并及时改正！

◎史海撷英

郭子仪收复洛阳

"安史之乱"后期，郭子仪收复了都城长安后，又奉命率军攻打洛阳的叛军。当时洛阳的守将安庆绪听说唐军前来攻城时，慌忙派大将庄严、张通儒等人带领15万大军前去迎战。叛军在新店（河南省郏县西）与唐军相遇。新店地势险要，叛军依山扎营，居高临下，形势对唐军十分不利。

郭子仪趁叛军立足未稳之机，选派出2000名英勇善战的骑兵向敌营冲杀过去，然后又派1000名弓箭手埋伏在山下，再令协助作战的回纥军从背后登山偷袭，自己则亲自率领主力部队与安庆绪的叛军进行正面交战。

战斗打响后不久，郭子仪就佯装败退。叛军倾巢出动，从山上追赶下来。这时，突然杀声如雷，唐军埋伏的弓箭手像神兵一般从天而降，万箭齐发，无数的箭簇像雨点般射向敌群。在弓箭手的掩护下，郭子仪又杀了个回马枪。这时，叛军的背后又传来高呼声："回纥兵来了，快投降吧！"叛军前后被围，左右遭打。在唐军和回纥军的夹击之下，叛军被打得一败涂地。庄严则逃回洛阳，同安庆绪一起弃城北走，官军在郭子仪的带领下，一举收复了洛阳。

◎文苑拾萃

郊庙歌辞·享太庙乐章·保大舞

（唐）郭子仪

于穆文考，圣神昭章。

肃勺群慝，含光远方。

万物茂遂，九夷宾王。

愔愔云韶，德音不忘。

唐宣宗责罚公主

◎吾日三省吾身，有则改之，无则加勉。——曾子

唐宣宗李忱（810—859年），唐朝第十八位皇帝（847—859年在位，未算武周政权）。武宗死后，以皇太叔为宦官马元贽等所立。在位13年。他曾经为唐朝的基业做过不懈的努力，这无疑延缓了唐帝国走向衰败的大势，但是他又无法彻底扭转额势。宣宗性明察沉断，用法无私，从谏如流，重惜官赏，恭谨节俭，惠爱民物，故大中之政，讫于唐亡，人思咏之，谓之小太宗。

唐宣宗大中二年（848年）十一月十四日，唐宣宗的女儿万寿公主出嫁给侍奉皇帝起居、记述皇帝言行的起居郎郑颢。

郑颢是做过宰相的郑絪的孙子。他中了进士，当了校书郎、右拾遗内供奉，人们都称道他为人文雅。

万寿公主是宣宗宠爱的女儿，所以挑选郑颢来做她的驸马。

主管官员根据以前的制度，想请公主在结婚那天用白银装饰车子。唐宣宗说："我想用俭朴来教育天下，应当从我的亲属开始。"于是他让依照外命妇（即受过皇帝封号的王公大臣家中的妇女的制度）用铜装饰车子；命令公主执行新妇的礼节都依照一般臣民的礼法；告诫她不要轻视丈夫的家族，不要干预政事。

唐宣宗又给她一个亲笔诏令重申："假如违背了我的告诫，一定要招致太平公主、安乐公主被杀那样的灭祸。"

有一次，郑颢的弟弟得了危急的病症，唐宣宗派侍臣去看望。

侍臣回宫后，唐宣宗问："公主在哪里？"

侍臣回答说："在慈恩寺看戏。"

唐宣宗非常生气，叹着气说："我就奇怪一般官员的家里不愿意跟我家结亲，敢情真有缘故呀！"

唐宣宗立刻命令召万寿公主入宫，让她立在台阶之下，不理睬她。

公主害怕了，流泪认罪。

宣宗责备她说："哪有小叔子病重不去探望问候而去看戏的呢？"说完就让她回婆家去了。

从此一直到宣宗去世，都没有接她回娘家。

这段期间，贵戚们都兢兢业业地遵守礼法，和崤山以东广大地区的有教养的士族一样，再也不敢处处显示自己的高贵身份了。

◎故事感悟

唐宣宗的责罚严格而正确。万寿公主也能够诚心改过，值得敬佩。在平日的学习、工作和生活中，谁都难免会犯错误，但只要是改过向善，就值得原谅。

◎史海撷英

大中之治

唐宣宗在位期间，勤于政事，孜孜求治，非常喜欢阅读《贞观政要》。他不仅重新整顿了吏治，还限制了皇亲和宦官的权利。他还将死于甘露之变中的除郑李之外的百官全部昭雪，也曾经想过根除宦官，但鉴于甘露之变的前车之鉴，未敢有所行动。

唐宣宗勤俭治国，体贴百姓，减少赋税，注重人才选拔，因此在他统治期间，阶级矛盾有所缓和，百姓也日渐富裕，使十分腐败的唐朝呈现出"中兴"的小康局面，史称大中之治。

"改过迁善如镜之去垢"

◎人告之以有过，则窃喜。——孟子

朱元璋（1328—1398年），明王朝的开国皇帝。原名重八，后取名兴宗。濠州（今安徽凤阳县东）钟离太平乡人。25岁时参加郭子兴领导的红巾军反抗蒙元暴政，龙凤七年（1361）受封吴国公，十年自称吴王。元至正二十八年（1368），在基本击破各路农民起义军和扫平元的残余势力后，于南京称帝，国号大明，年号洪武，建立了全国统一的封建政权。朱元璋统治时期被称为"洪武之治"。死后葬于明孝陵。

明太祖朱元璋曾对廷臣们说："黍粒累积起来可以高一寸，善事积累起来可以成好的品德。所以，小的善行可以发展成大的善行，小的恶行也能导致大的恶行。"

他还说："积累善行就好像堆土一样，只要坚持下去，就可以积土成山；对于恶行的扩大要有防止河水泛滥那样的思想准备，如有小的漏洞不去堵塞，必然会导致洪水滔天。各位都是当今的俊杰，和我一起救济天下百姓。你们有一点善行，就都要如实地记录下来；若有不好的行为，一定要快改。要知道，改过迁善如镜之去垢，擦去镜子上的污垢，可以使其光辉倍增。不然的话，人就终生被蒙蔽，罪恶日益加深，最终导致大祸临身。你们可要警惕啊！"

◎故事感悟

明太祖是明智的，他明白"勿以恶小而为之，勿以善小而不为"的道理，也明白修正、改过，才能够提高。这故事告诉我们，要想获得成功，修正、改过，是必经的一道门……

◎史海撷英

朱元璋第一次北伐

鉴于北宋末年燕山一带在两年之内得而复失的前车之鉴，朱元璋决定北征消灭北元。

洪武三年（1370年）正月初三，朱元璋命右丞相徐达为征虏大将军，浙江行省平章李文忠为左副将军，都督冯胜为右副将军，御史大夫邓愈为李文忠副将，中山侯汤和为冯胜副将，出兵进攻北元。

朱元璋根据当时元惠宗在应昌府，扩廓帖木儿在定西的情况，决定"分兵为二道：一令大将军自潼关出西安捣定西，以取王保保（即扩廓帖木儿）；一令左副将军出居庸关入沙漠以追元主，使其彼此自救，不暇应援。况元主远居沙漠，不意吾师之至，为孤豚之遇猛虎，取之必矣，事有一举而两得者，此是也。"并命大同指挥金朝兴、大同都督同知汪兴祖（即张兴祖）等人先进攻山西、河北北部，作为佯攻来吸引北元的主要兵力。

二月二十五日，金朝兴率军攻克了东胜州（今内蒙古托克托）。三月二十三日，汪兴祖率军攻克了武州（今山西五寨）、朔州（今山西朔县）。三月二十九日，徐达率主力攻入定西，并于四月八日在沈儿峪（在定西北）大败扩廓帖木儿。

四月丙戌（儒略历5月23日），元惠宗因痢疾死于应昌府。其子爱犹识理达腊在和林继位，为元昭宗。

五月初一，徐达派邓愈去招抚吐蕃，自己则率主力南攻克陕西略阳、沔州（今勉县）、兴元（今汉中）。五月二十三日，徐达一军回到西安。

唐代宗杖责宦官

◎不患不知其过，既知之，不能改，是无勇也。——韩愈

唐代宗李豫（726—779年），唐肃宗长子。初名俶。原封广平王，后改封楚王、成王。天宝十五年（756年），安禄山叛军攻占潼关，玄宗逃至马嵬驿，当地民众揽留肃宗，于是护送肃宗北上灵武即帝位。"安史之乱"中，以兵马元帅名义收复洛阳、长安两京。乾元元年（758年）三月改封成王，四月被立为皇太子。宝应元年（762年），宦官李辅国杀张皇后，肃宗受惊吓而死，李俶于肃宗灵柩前依其遗诏即位，改名豫。779年去世，葬于元陵（今陕西省富平县西北15千米的檀山），谥号睿文孝武皇帝，传位于唐德宗李适。

唐大历年间，唐代宗厚宠宦官，派到各地传达命令的中使（宦官）经常向地方勒索财物，唐代宗也不加以制止。

有一次，唐代宗派遣中使去赏赐一位妃子的家属。回来后，唐代宗得知中使得到的钱不多，就很不高兴，认为这是轻视自己的使臣。

那位妃子很害怕，急忙拿出私房钱补偿给中使。

从此，这些中使就公开索贿受物，无所顾忌，甚至连宰相也得在官署中准备好钱，等中使一到就先赏钱，然后再宣旨。外出时，中使先给所经过的州县下文书，之后再收取财物，就像征收赋税一样，个个都能满载而归。

后来，唐代宗渐渐感到这一弊端的危害，于是伺机革除。

有一次，他派中使邵光超为淮西节度使李希烈赐符节；李希烈送给他仆从、名马及帛缣700匹，还有黄茗100千克。

唐代宗闻知后大怒，杖责邵光超，并把他流放远地。

这个消息迅速传遍四方，那些正在各地的中使恐惧万分，把收受的财物偷偷扔到山谷中。这股歪风立即被刹住了。

后来，即使各州县自动馈送财物，中使也不敢再要了。

◎故事感悟

唐代宗的惩罚，使得宫中的风气大变。在平日的生活和工作当中，我们也要时时反省自己，时时发现自己的错误，及时改正。只有这样，我们才能够做到真正的改过向善。

◎史海撷英

唐代宗智除李辅国

762年4月，李辅国与程元振将张皇后杀死，唐肃宗因此而被惊死。同月，李辅国拥立李豫为帝，是为代宗，改年号为"宝应"。

唐代宗继位后，李辅国便以立帝有功恃此骄横，竟对代宗说："陛下只须深居宫中，外面的政事有老奴来处理。"代宗虽然心有不满，但慑于李辅国手握兵权，只好暂时委曲求全，尊称他为尚父（可尊尚的父辈），无论大小事务都要与他商量后才能决定。

不久，唐代宗乘李辅国不备，派人扮作盗贼刺杀了李辅国，然后又假装下令追捕盗贼，并派宫中使者慰问其家属。就这样，代宗用计除掉了李辅国。

◎文苑拾萃

唐代宗元陵

唐代宗的元陵位于陕西省富平县西北15公里的檀山上。

据《旧唐书・令狐峘传》中载："德宗即位后，曾诏立代宗元陵制度，务极优厚，

当竭币藏奉用度。遭到令狐垣的反对，德宗从之，只好从俭埋葬。"由此可见，元陵的陵寝建制已经大不如先帝，也反映了唐自"安史之乱"后政治、经济的状况是日益走下坡路。

元陵陵园的石刻与建陵相同，但制造淂也比较粗疏，现仅存陵园东、西、北神门外的石狮和北神门外石马残块。石狮形制、大小与秦陵相同。北神门外有石马五个，均残破。东西列仗马间距30米，西列南数第一个在阙址北27米，第二个在第一个北23.5米，第三个在第二个北24.5米；东列南数第一个在阙墙北65米，第二个在第一个北12米。

吕蒙正改过

◎不贵于无过，而贵于能改过。——王守仁

> 吕蒙正（946—1011年），字圣功。河南洛阳人。太平兴国进士。在宋太宗、宋真宗时三次担任宰相，在北宋时期，仅有他与赵普曾如此。宋太宗太平兴国二年（977年）丁丑科状元。吕蒙正中状元后，授将作监丞，通判升州。太宗征讨太原，吕蒙正被授著作郎，入值史馆。太平兴国五年（980年），拜左补阙，知制诰。八年，任参知政事。端拱元年（988年），罢李昉，拜吕蒙正为宰相。谥文穆，赠中书令。

　　吕蒙正官位低微的时候，生活十分困苦，而当他任高官后却十分铺张，吃饭时喜欢喝鸡舌汤，而且每天必备。

　　一天傍晚，吕蒙正到花园散步，远远地望见墙角有一高高的山丘，以为是园中添置的假山，问随行的仆人弄假山的人是谁。

　　仆人回答说："那是相公你吃鸡舌汤拔下的鸡毛堆成的啊！"

　　吕蒙正非常惊讶："我只是喝一点儿鸡舌汤，能有这么多的鸡毛吗？"

　　仆人说："每只鸡只有一个舌头，相公进餐用的汤需几个舌头？你吃鸡舌汤已经有多长时间了？"

　　吕蒙正感到自己太奢华浪费了，从此也不再喝鸡舌汤了。

◎故事感悟

　　吕蒙正勇于改正自己的错误，戒除了奢侈的作风，这种行为值得肯定。"人

非圣贤，孰能无过！"是人人明白的一句话，自呱呱坠地起，到停止呼吸、合眼离开尘世一刻为止，每个人只有犯错多少、大小和如何对待自己所犯过错之不同，却没人能说自己"终生无过错"。但能够正确认识自己的错误，并能够改过向善，这就是好的。

◎ **史海撷英**

吕蒙正直言

宋朝时期，有一年正月十五的晚上，宋太宗大宴群臣，与大家一起饮酒赏灯。

当酒兴正浓时，宋太宗便说："正当五代之际，天下生灵涂炭，哀鸿遍野，周太祖自邺城南归，无论是当官的还是老百姓，无不惨遭虏掠，城野大火蔓延。天上彗星划过，看者无不心惊肉跳，以为天下再无太平之日。朕自当政之后，日理万机，从不敢懈怠，常想天下百姓，以至才有今日之昌盛景象。由此来看，无论是大乱还是大治，无不是人之所为，并非是什么天意啊！"

大臣们听后，都纷纷赞美太宗英明，把太宗拍得得意忘形。这时，吕蒙正走到太宗面前，说："皇上在此设宴，百姓莫不云集在此，放眼望去满城灯火辉煌，确实一片繁荣的景象。臣不久前曾到城外，离城数里就看到有许多人面露饥色，甚至还看到一些因饥饿而死的人。由此可见，天下并不都像我们眼前所看到的这样啊。愿陛下不但看到眼前的繁荣，而且也能看到远处的正挨饿受冻的百姓，这才是天下苍生的幸事啊！"

太宗听到这话，一时黯然失色，群臣都吓得不敢出声。过了好久，太宗才转怒为喜说："我得蒙正如唐太宗之得魏征，倘若做臣子的都能这样时时提醒朕不忘以天下苍生为念，国家哪里还会不富强，百姓不舒心啊！"

ZHONGHUACHUANTONGMEIDEBAIZIJING

中华传统美德百字经

克·克己向善

第三篇

克己勤政

羊续克己勤政

◎政有三而已：一曰因民，二曰择人，三曰从时。——
刘向

羊续（142—189年），字兴祖。太山平阳人，出身于官僚世家。父亲羊儒在汉桓帝时官至太常，负责朝廷礼仪。由于其父的恩荫，羊续年纪轻轻就官拜郎中，经过四次升迁后，官至庐江（今江西）太守。后任南阳太守，征入后为太常。羊续施政清平，为官清廉俭朴，府中资藏只有布衾、盐、几斗米而已，素有穷官之称。

　　羊续生于东汉末年。当时，东汉的宦官、外戚轮流执政，官场贿赂成风，腐败现象日益严重，社会矛盾加剧，天下混乱，民不聊生，著名的黄巾起义就爆发在这个时候。

　　东汉中平三年，羊续任庐江太守。他首先领兵镇压了南阳的越慈叛乱，为百姓办了不少好事，后来被提拔为南阳太守。当时的南阳有许多权豪之家，彼此间相互礼贿。作为地方长官，看到这种现象，羊续感到十分痛心，下决心要以自己的清俭来抵制浮华的社会风气。

　　"吏不畏吾严而畏吾廉，民不服吾能而服吾公，廉则吏不敢慢，公则民不敢欺。"羊续正是恪守了这一从政戒律，廉洁耿直，为民众所钦服。

　　羊续虽然官居太守，但却一生"敝衣薄食，车马羸败"，生活十分简朴。初到南阳赴任时，他布衣简从，只带了一名书童，坐着牛车，风尘仆仆地来上任了。百姓闻之，都感到有些不可思议，谓之"神话"，因为谁也没有见过堂堂的太守有这样行装上任的。

　　每到一个地方，羊续都必定先邀请当地的百姓促膝谈心，情同一家。就这样，他还没有登上官府衙门，就已经将南阳当地的风土人情和官吏们的政绩情况摸得清清楚楚了。那些往常为非作歹、激起民愤的贪官污吏十分恐慌，再不敢肆意妄为了，南阳的政风也很快得到了治理。当地百姓拍手称好，朝廷也对羊续的政绩大加赞誉。

羊续为官期间，衣食住行都和寻常百姓无异，做官多年，妻儿一直住在乡下，耕田种地，过着粗茶淡饭的苦日子。羊续官越做越高，政务繁忙，回家的次数也越来越少。有一次，羊续的妻子思夫心切，便带着儿子羊秘从太山平阳千里迢迢来探夫。时任太守的羊续却没有专门的府第，仍住在郡府的一间小屋里。久别的妻儿历尽艰难，风尘仆仆而来，可羊续却闭门不见，而是派人打发娘俩回去。年幼的儿子哭着哀求要留下时，羊续无言以对，只好领着妻儿到自己的住处。只见家徒四壁，除了一条粗布被，两件旧短衣，一点儿盐和几斛麦子之外，什么都没有。他流着泪愧疚地对妻子说："你看我这日子，哪能养活得了你们娘俩呀！"妻子闻言，掩面而泣，当天就带着儿子返回了老家。

北宋史学家司马光曾说过："有德者，皆由俭来。"羊续在南阳为官三年，家无长物，身无余财，两袖清风，但却做了大量让百姓拥戴、让朝廷喜悦的业绩。

中平六年，汉灵帝想把羊续调到朝廷里当太尉，主管军事，位居三公之重。按照惯例，官拜太尉、司徒、司空的官员，都要向东园缴纳数千万的礼钱。汉灵帝便派使者"左骓"监督此事。凡是左骓所到之处，当地官员都盛情款待，厚礼相赠，礼遇非常。但是，羊续却根本无力尽这些铺张之事，只拿出了一张单草席，备了一点儿薄酒招待使者。

吃惯了珍馐美味的使者对羊续的招待感到十分意外，但也只好勉强落座，等羊续提礼钱之事。可羊续真是一个铜板也拿不出来，他举起胳膊让使者看：身上的那件棉袄早已被磨得千疮百孔，连棉絮都快掉下来了。他坦然地对使者说："我的全部资财，仅有这件袍子而已。"

没拿到分文礼银的使者回去后，便向汉灵帝如实作了报告。灵帝根本想不到一个太守竟然会穷窘到如此地步。但他没有为羊续的清廉所动，反而觉

得如受辱一般，龙颜不悦，撤销了羊续的太尉任职之命，只给了他一个太常的职位。可还没等到上任，忧愤成疾的羊续便病故了，时年仅48岁。

羊续临终前，曾嘱咐属下，自己死后要草敛薄葬，一切从简，切莫大操大办，浪费国家财物。按当时朝廷的规矩，像羊续这样的官职，死后葬金可达一百万缗（串）。但羊续临死前交代过，这钱家人一文都不能要，全部上缴国库。别人赠送的礼钱，也都一律退还。官居太守，死时冷冷清清，像其生前一样，只以清灯和旧服相伴，这是不多见的。

曾经两次给羊续送鱼而受其教育的府丞焦俭，闻羊续去世后悲痛不已，亲自为羊续治丧，遵照羊续遗嘱，公私赙钱无一收受。一度曲解羊续的汉灵帝也闻之感动，敕令厚葬羊续。

◎故事感悟

羊续的清廉成了史学家笔下"廉吏"的典范，《后汉书》也曾为羊续专门立传。明朝于谦曾经吟诗称赞羊续："喜剩门前无贺客，绝胜厨传有悬鱼。清风一枕南窗卧，闲阅床头几卷书。"可谓是羊续克己廉明一生的真实写照。

◎史海撷英

羊续悬鱼

有一天，羊续的属下府丞焦俭见羊续生活过于清苦，便给他送来一条活鲤鱼。面对这条"礼鱼"，羊续真是感到左右为难：不收吧，对不住焦俭的一片好心；收吧，又有违自己为官廉洁的道德规范。然而焦俭盛情难却，羊续无奈之余，只好暂且收下。

可是等焦俭一走，羊续就命下人把这条鱼挂在庭檐下。没过几天，鲜活的鲤鱼就成了一条枯鱼干，在屋檐下飘来荡去，羊续也不让人取掉。

直到有一天，焦俭又笑嘻嘻地拎着更大的一条鲤鱼来拜访羊续。羊续也不说话，只是笑着指了指悬挂着的那条鱼，轻轻地摇了摇头。焦俭看着这条丝毫没有动过的枯鱼干，领悟到了太守的一片苦心，红着脸收起鱼退了出去，从此再也不敢给羊续送东西了。

　　这件事传开之后，府吏们都为羊续的高风亮节所折服，以后再不礼贿他了。"羊续悬鱼"的典故也从此流传开来。

◎文苑拾萃

后汉门羊续

（唐）周昙

鱼悬洁白振清风，禄散亲宾岁自穷。
单席寒厅惭使者，葛衣何以至三公。

陶侃克己为民

◎人人好公，则天下太平；人人营私，则天下大
乱。——刘鹗《老残游记》

陶侃（259—334年），字士行（或作士衡）。鄱阳（今江西鄱阳）人。汉族。中国东晋时期名将，大司马。初为县吏，渐至郡守。永嘉五年（311年），任武昌太守。建兴元年（313年），任荆州刺史。后任荆江二州刺史，都督八州诸军事。他精勤吏职，不喜饮酒、赌博，为人称道。

"飘摇风雨满神州，日下江河乱未休；戡定荆州非易事，论功应独让陶侯。"这是后人颂扬陶侃的诗。

陶侃出生于三国末年，成长于西晋初期，主要生活在两晋交替之时。当时，司马氏虽然统一了中国，但北方的少数民族崛起，频繁南侵；内部又分崩离析，矛盾重重。陶侃就是在这样的战乱年代成长起来的。

陶侃一生共从军41年，历经百战，明悟善断，勇冠三军，屡建奇功。晋明帝时期，曾任命他为征西大将军，都督荆、湘、雍、梁四州诸军事。陶侃率重兵扼守在东晋都城建康（今南京）上游的战略要地，可谓权重一时。

但是，陶侃从不居功自傲，而是勤政清廉，奖励农桑。而且陶侃还能以身作则，教育自己的部下，要他们珍惜光阴，爱护百姓。这也是他的部队能经常打胜仗的重要原因。

陶侃死后，尚书梅陶说："陶公机神明鉴似魏武（曹操），忠顺勤劳似孔明（诸葛亮），陆抗诸人不能及也。"将他与曹操、诸葛亮相比并，其评价也够高了。

陶侃一生战斗的事迹很多，下面记述的仅是他勤政清廉方面的一些片断。

陶侃每日勤于政务，事无大小，都要亲自过问，信函往来，他也都自己动笔。有人来访，他也不厌其烦亲自接待。他清廉自洁，从不随意收受别人的礼品。有人送礼来，他都要问个一清二楚。如果是送礼人辛勤劳动所得，不论东西贵贱，他都非常高兴，以后找机会加倍奉还；如果是非正当得来的东西，他不但严词拒绝，而且加以斥责。不多久，陶侃就把广州治理得如当年的武昌一样，百姓们安居乐业，无不称赞他的贤明。

政局无事，社会安定，部属们却发现了一件奇怪之事，陶侃派人找来了100块沉重的大砖，每一天清晨，陶侃把砖头一块块搬出室外，到了傍晚，又一块块搬回室内，每一次都搬得满头大汗。而且天天如此，从不间断。有人想帮他，陶侃也总是笑笑地拒绝了。部属们议论纷纷，却始终猜不出陶侃这样做的用意。

有一位部属终于忍不住好奇心，鼓起勇气去问他，陶侃沉重地说："北方多事，国土沦丧，我辈立志要致力中原，收复失地，如果终日耽于安乐之中，就会将意志消磨。我这样做，正是为了磨炼自己，不要有一刻忘记自己的使命。"众人这才恍然大悟。

陶侃搬砖以自励，一直坚持很久，回到荆州以后他已经年过花甲还是这么做。他的行为不但锻炼了自己，也激励了他的部属。

316年11月，西晋灭亡。第二年春天，琅邪王司马睿在建康（今南京）称晋王，一年后称帝，史称为东晋。东晋王朝主要依靠南迁的王、谢诸家士族，尤以王家的势力最大。司马睿登基受百官朝贺时，竟然命王导升御床共坐。王导再三辞谢，才罢。所以当时有民谚说：王与马，共天下。

王导的堂兄大将军王敦掌管兵权，却妒贤嫉能，飞扬跋扈，后来干脆以清君侧为名，于322年举兵反叛朝廷，给脆弱的东晋带来了新的内乱。这场内乱持续了三年之久，方得以平息。皇帝素知王敦嫉妒陶侃的才能，王敦之反平后任陶侃为征西大将军、荆州刺史，都督荆、雍、益、梁诸军事。荆州一带的百姓，听说陶侃要回来任职，无不欢欣鼓舞，相互庆贺。

虽然得到百姓的如此爱戴，但陶侃从不沾沾自喜，他谦恭近礼而又心思细密。

在武昌任上，陶侃号召部下种柳。都尉夏施偷懒，悄悄地将官家已经种好的柳树移栽到自己的营前。后来，陶侃的车驾经过此地，突然命令停车，指着那些树说："这不是武昌西门前的柳树吗？是谁偷种到这里来了？"夏施没想到陶侃如此心细，连忙谢罪。

有一年夏天，陶侃到郊外出游，半路上看见一个人手里拿着一把尚未成熟的稻子，边走边玩。陶侃奇怪地问这个人："你拿着稻子干什么？"

这个人说："不干什么，不过在路边看见了感到很好玩，就随手采了一把。"

陶侃一听，大怒道："你这人好没道理，既不耕田种稻，又任意毁坏粮食，实在可恶之极！"便命人将这人狠狠鞭打了一顿。这件事很快就传开了，百姓们见陶太守都这么爱护农作物，更为勤恳耕作。

陶侃对物资也十分爱惜，不肯浪费一分一毫。江边造船，船工总把锯下的木屑和截断的竹头当做废物，任意抛弃。陶侃见了，就命人将这些东西都收藏起来，不少人都在背后悄悄地笑他吝啬。

这年冬天，下起了大雪。雪后初晴，又结起了冰，路上很滑，行人跌倒的不少。陶侃叫人将收藏的木屑取来撒在地上，路就不再滑了。

桓温伐蜀时，急着要造一批大船，铁钉不够，陶侃收藏的竹头削成竹钉，又派上大用场。到这时，背后悄悄笑他的人，才明白陶侃不只是节俭，而且是有远见卓识的。

陶侃在荆州积极为北伐做准备，而东晋王朝内部却偏安于江南，不思进取，而且内乱不止，陶侃东征西讨，大多为解决内部纷争。面对着滔滔杏江水，陶侃眼看着自己年事日高，而北伐无望，禁不住浩然长叹。328年，叛将苏峻攻破东晋京城建康，占领皇宫，把持朝政，驱役百官，残害百姓，而且把陶侃的儿子陶瞻也杀害了，已经年逾古稀的陶侃被拥戴为首领，于是他大军沿江东征。叛乱平息以后，陶侃的官职升为侍中、太尉，并封为长沙郡公，都督七州军事。

连年征战，又加上辛勤操劳，年事已高的陶侃终于支持不住了，但他仍在坚持北伐的主张，并派他的儿子陶斌和侄儿陶臻进兵樊城和襄阳。皇帝因此拜他为大将军，可以"剑履上殿，入朝不趋，赞拜不名"。谦恭的陶侃赶紧上表逊让，不肯接受。

东晋咸和九年六月，陶侃病况日益加重，就向皇帝上了一封逊位的表章，表中仍然念念不忘收复中原失地："余寇不诛，山陵未反，所以愤忾兼怀，不能已已。""愿陛下速选臣代使，必得良才，奉宣王猷，遵成臣志，则臣死之日犹生之年。"

陶侃知道自己生命已经不长了，便将府中的军资器仗、牛马舟车全部封存，仓库的钥匙放在自己的身边，直等到自己信任的官吏王愆期来到了，才将钥匙移交给他，自己一无所私，在家人的扶持下登车出府，到江口上船，驶往自己的封地长沙。王愆期一直送他到江口，洒泪相别。陶侃却笑笑说："这次恐怕是要永别了。"

在出发的第二天，船到樊溪，陶侃的生命之灯终于在浩浩的江涛声中熄灭了，终年76岁。皇帝下诏，给了他很高的评价："经德蕴哲，谋猷弘远。作藩于外，八州肃清；勤王于内，皇家以宁。"

◎故事感悟

陶侃为国勤勤恳恳、克己奉公的品德令人敬佩。而在东晋高门士族统治下，官场糜烂腐败成风，而陶侃不受其习染，政绩卓著，更显得相当可贵。

◎史海撷英

陶侃送客百里

范逵是陶侃的一位朋友。有一次，范逵到陶侃家做客，第二天早晨，范逵告辞上路，陶侃便送了一程又一程，都快要送到百里左右。范逵说："路已经走得很远了，您该回去了。"陶侃还是不肯回去。范逵说："你该回去了。我到了京都洛阳，一定给你美言一番。"陶侃这才回去。范逵到了洛阳后，就在羊晫、顾荣等人面前称赞陶侃，使他广泛地获得了好名声。

"风月尚书"徐勉

◎临大利而不易其义，可谓廉矣。——《吕氏春秋》

> 徐勉（466—535年），字修仁。祖籍东海郯县（今山东郯城）。南朝梁政治家、一代忠臣。年轻时，他在齐朝做过镇军参军、尚书殿中郎、领军长史，这些都是古代秘书性职务。萧衍建立梁朝前后，他又担任过管书记、中书侍郎、谘议参军等秘书性职务。他居官清廉，不营产业，勤于政事，家无蓄积。

徐勉是历史上一位十分有名的清官。他年轻的时候，就担任过尚书殿中郎、谘议参军等职务。梁朝建立后，梁武帝对徐勉也十分器重，将他从中书侍郎到中书令，屡居高位。可贵的是，他始终为官耿直、淡泊名利、操守高洁，正史中记载了他许多清正廉洁的故事。

据《梁书》记载，有一天晚上，徐勉邀请友人相聚。席间，一位名叫虞皓的客人向徐勉求官，徐勉正色地说："今夕止（只）可谈风月，不宜及公事。"虞皓讨了个没趣，只得讪讪地告辞了。时人都对徐勉的无私佩服之至，便送其雅号"风月尚书"。"止谈风月"也就成了一个有名的历史典故。

徐勉居官吏部，多有建树，但是他从不居功自傲，一生淡泊名利。为官几十年，他从没有经营产业，家里也没有积蓄，俸禄大多也都资助了贫穷的亲戚朋友。

看到徐勉家中如此清贫，一些好心人便劝他为子孙后代着想，经营产业。徐勉回答说："人遗子孙以财，我遗之以清白。"古往今来，父母大多遗留给子女的往往是多多益善的物质财富，这种父母看似爱子女，实则害之，最终只能使子女滋长依赖心理，从而丧失独立创业的勇气和能力。徐勉清醒地意识到了这一点。

徐勉去世后，梁武帝为失去这样一位重臣而悲痛流涕、他车驾临殡，给这位廉臣以极高的殊荣。陈朝吏部尚书姚察说："徐勉少而厉（砺）志忘食，发愤修身，慎言行，择交游；及居重任，竭诚事主，动师古始，依则先王，提衡端轨，物无异议，为梁宗臣，盛矣。"

◎故事感悟

徐勉严于律己，行事公正而谨慎，节俭不贪，而且也以这种作风教育后代。克己清廉一生的他是非常受人尊敬的，也为后人深深怀念。

◎史海撷英

群犬惊吠，亦是传中一事

梁天监二年（502年），徐勉被梁武帝任命为给事黄门侍郎、尚书吏部郎，参掌大选。这时，梁朝建立才一年多，梁武帝又兴师北伐，因此朝中的政务军务非常繁忙。徐勉此时虽然已是吏部的重要官员之一，但由于他是秘书出身，极有文才。为了不延误军机，梁武帝便让他"参掌军书"。

徐勉是个十分勤勉的人，工作本身也很忙，因此他常常要隔几十天才回家一次。他的家中养了一群狗，因为他平时回来的次数太少，这些狗都不认得自己的主人了，所以徐勉每次回来，这群狗都要狂吠一番，完全把主人当成了陌生人。徐勉既感到好笑，又觉得无奈。有一次，他感叹说："吾忧国忘家，乃至于此。若吾亡后，亦是传中一事。"后一句的意思是："我死了后，如果有人写我的传记，群犬惊吠倒是件值得一记的轶事。"

◎文苑拾萃

采菱曲

（南北朝）徐勉

相携及嘉月，采菱度北渚。

微风吹棹歌，日暮相容与。

采采不能归，望望方延伫。

倘逢遗佩人，预以心相许。

刘行本置笏于地

◎在世一日，要做一日好人；为官一日，要行一日好事。——金兰生

> 隋文帝杨坚（541—604年），隋朝开国皇帝。汉族。弘农郡华阴（今陕西省华阴县）人。汉太尉杨震十四世孙。他在位期间，成功地统一了百年严重分裂的中国，开创先进的选官制度，发展文化经济，使得中国成为盛世之国。文帝在位期间，隋朝开皇年间疆域辽阔，人口达到七百余万，是人类历史上农耕文明的巅峰时期。杨坚是西方人眼中最伟大的中国皇帝，被尊为"圣人可汗"。

隋文帝杨坚因为一件小事，对朝廷一名官员十分恼怒，他命令人用棍棒在大殿前痛打这个官员。

谏议大夫刘行本走上前来说："这个人平时很洁好，这次犯下的错又不大，希望陛下宽容些。"

隋文帝转过身去，对他毫不理睬。

刘行本于是正面对着文帝，严肃地说："陛下看得起我，才把我安置在您的身边任职。我如果说得对，您就应该听；如果说得不对，就可以把我送到大理寺去治罪，怎么能这样轻视我而不加理睬呢！"

说完就把笏板往地上一放，转身就走了。

隋文帝见此情景，立刻收起恼怒的神态，赶忙向刘行本道歉、认错，并且饶恕了那个挨打的官员。

◎故事感悟

当着皇上的面摔笏板，这种举动在历史上并不多见，刘行本可谓第一人了。

他忠君为国，克己勤政，宁愿开罪皇上也要坚持进谏。

◎ 史海撷英

杨坚修订《开皇律》

北周时期，国家的法律制度既残酷又混乱，"内外恐怖，人不自安"。在杨坚掌握北周政权时，就曾进行过一些改革，还亲手删定了《刑书要制》，但改革得并不彻底。

隋朝建立后，开皇元年，隋文帝下令命参考魏晋旧律，制订《开皇律》。开皇三年（583年），隋文帝又命苏威、牛弘等修改新律，删除法律中的苛酷条文。《开皇律》将原来的宫刑（破坏生殖器）、车裂（五马分尸）、枭首（砍下头悬挂在旗杆上示众）等残酷刑法予以废除，而且规定一概不用灭族刑。减去了死罪81条，流罪154条，徒、杖等罪千余条，保留了律令500条，刑罚分为死、流、徒、杖、笞五种，基本上完成了自汉文帝刑制改革以来的刑罚制度改革历程。这就是封建五刑制。

死刑复奏制度是从开皇十五年（595年）形成定制的。隋文帝规定，凡是判处死刑的案件，须经"三奏"才能处决死刑。《隋书·刑法志》中有记载说："（开皇）十五年制，死罪者三奏而决。"隋文帝还下诏："天下死罪，诸州不得便决，皆令大理复治。"

《开皇律》修订后，对后世律法产生了深远的影响，唐朝时期，基本都继承了隋文帝所修订的法律。

◎ 文苑拾萃

隋门隋文帝

（唐）周昙

孤儿寡妇忍同欺，辅政刚教篡夺位。

矫诏必能疏昉译，直臣诚合重颜仪。

克己爱民的裴侠

◎殉国家之急，赴公家之难。——司马迁

> 裴侠（？—559年），字嵩和。河东解（今山西运城西南）人。祖父裴思齐曾在北魏时任议郎。父亲裴欣为西河郡守，死后得晋州刺史的名号。裴侠虽以门资解巾赴任，以致官达公卿之位，然而他官高不失其志，一生为政清廉，生活俭朴，克己爱民，所在州郡人民感其遗爱。

　　裴侠年幼就很聪慧，后来州里征召他做了主簿。大统三年（537年），他带领乡兵在沙苑随从作战，身为先锋冲入敌阵。（北周）太祖称赞他勇敢坚决，为了嘉奖这位勇敢果断的将领，周文帝特地替他改名为"侠"，并提升他为侯爵，封邑800户，任命为行台郎中，后又任命为河北郡太守。

　　裴侠自身的生活也十分俭朴，平时吃的只有豆麦咸菜，官吏百姓都很敬仰他。根据这个郡先前的制度，郡里安排了30个捕鱼打猎的人来供应郡守鱼肉，可裴侠却说："我用不着别人来侍候我。靠别人供养，是我最不愿意的事。"于是，这30人全都不用，他让这些人尽其所长，去从事生产了。

　　郡里又安排了30个成年男子供郡守役使，裴侠也不接受，而把雇佣他们的钱用来为官府购买马匹，供打仗和运输之需，以减轻百姓负担。日积月累，官府里就有了成群的良马。裴侠离任的时候，什么都不拿，百姓都歌颂他说："裴公坚贞仁惠，成为世人的标准。"

　　裴侠曾与几个州的州长太守一起拜见周太祖。太祖命令裴侠站在一旁，然后对几个州的州长太守说："裴侠清廉谨慎，遵照法纪执行公事，是天下最

好的。现在众人中如果也有像裴侠这样的人，可以和他一起站着。"众人都默然，没有敢应答的。于是太祖重重赏赐了裴侠，朝廷和民间都赞叹佩服，人们称裴侠是"独立君"。

孝闵帝登基后，提升裴侠为民部中大夫。当时，有一些不法官吏经常趁管理仓储财物之便，多年隐瞒贪污达到千万钱。等裴侠到任后，振作精神，揭发检举，不久，不法官吏就都受到了惩处，杜绝了这类事情的发生。

后来，裴侠又调任工部中大夫。当时有个掌管钱物的李贵在府中悲伤哭泣，有人问他原因，他回答说："我掌管的官府财物，有很多我耗费占用了，裴公清廉严明，我害怕遭到重重的责罚。"裴侠听到这件事后，允许他自首，李贵坦白承认自己贪污了500万钱。

裴侠曾因生病疲惫不振，大司空宇文贵等人便一起来探望裴侠。他们看到裴侠所住的房屋都不能躲避风霜，因此宇文贵等人回去后，便如实地报告给了皇帝。皇帝立即下令为裴侠建造房屋，并且赐给他十顷良田。

◎故事感悟

裴侠在任地方官时破除旧例，既减轻了百姓的劳役之苦，又为官府积累起一笔颇为可观的财富，而自己的生活却极为俭朴，"所食唯菽麦盐菜而已"，即使在历任要职后，住宅仍"不免风霜"。正是凭着这样的清廉作风，他才赢得"爱民如子"的美称，也才能使奸吏闻风而泣。他以其清慎奉公之行成为一时之最，确实无愧于先人的清正传统，并能有所发扬光大。

◎史海撷英

周太祖好节俭

周太祖郭威在位期间，非常提倡节俭。他自己的生活也异常俭朴，衣食住行都很朴素。他还下诏禁止各地进奉美食及地方土特产品，更不要尽现珍宝一类的物品，尽量减轻人民的负担。

　　周太祖经常对大臣们说:"朕出身微寒,尝尽人间疾苦,也经历了国与家的灾难,现在当了皇帝,怎么能养尊处优拖累天下百姓呢!"他不仅不让进奉宝物入宫,还让人将宫中的珠宝玉器、金银装饰的豪华床凳、金银做的饮食用具等一共几十件,当众打碎在殿廷之上。太祖经常对侍臣说:"那些帝王,怎么能用这种东西?"

　　周太祖临死前还念念不忘节俭,郑重地留下了遗言说:"你们一定要为我薄葬,不要强征民工,也不要宫人为我长年守陵。陵寝不用石柱,枉费人力,用砖瓦代替就行,用瓦棺纸衣下葬。不要石人石兽,只须立一块碑,刻上这些字:'大周天子临晏驾时和要继位的皇帝有约,只因平生喜欢俭朴,所以只让用瓦棺纸衣下葬。'如果违背此言,阴灵也不相助。"

　　周太祖这样做并不是标新立异,而是为汉文帝的节俭所感动。他又见唐朝皇帝们的陵墓都造得很豪华,不但费尽钱物和人力,还遭到盗墓者的破坏,而汉文帝的霸陵却至今完好无损。

感义忘己张玄素

◎阿房成，秦人散；章华就，楚众离。——《旧唐
书·张玄素传》

> 张玄素（？—664年），唐蒲州虞乡（今山西永济）人。贞观十八年（644年），张玄素被朝廷起用为潮州刺史，后又转迁邓州刺史。到唐高宗永徽年间（650—655年），他以年老致仕，龙朔三年（663年），加授银青光禄大夫，麟德元年（664年）去世。

张玄素是唐太宗时期的著名谏臣，历任侍御史、给事中、太子右庶子等，与魏征、马周等人同为开创"贞观之治"进谏献策，被誉为"感义忘身"的"忠纯"之臣。

张玄素一生为官清廉。他本是隋朝的一名小吏，隋末被农民起义军窦建德部所俘。当窦建德要杀他时，当地有一千多名百姓前来求情，说："此人清慎若是，今倘杀之，乃无天也。"于是窦建德就放了他，并拜他为重要官员。

唐太宗李世民久闻张玄素之名，即位后不久就召见他问政。张玄素分析说，隋朝灭亡的根本原因，就是由于皇帝专断、法律混乱。皇帝身为"万乘之重，又欲自决庶务，日断十事而五条不中，中者信善，其如不中者何？"

他认为，日理万机是难免出差错的，甚至出差错的概率在一半左右，然后进一步说："况一日万机，已多亏失，以日继月，乃至累年，乖谬既多，不亡何待？"因此，他提出对策："如其广任贤良，高居深视，百司奉职，谁敢犯之？"

张玄素劝告唐太宗，不要迷信于日理万机，更不要专断独行，而要广纳

贤能，充分发挥国家机构的职能作用。唐太宗十分赞成他的意见，任用他为侍御史。

贞观四年（630年），唐太宗下诏修建洛阳宫乾阳殿，以备巡幸。张玄素不顾自己的生命安危，上书谏止，劝导太宗要吸取秦朝灭亡的教训，"弘俭约，薄赋敛"，安定国家。他说，如今国家刚刚建立，生产还在恢复之中，如果大兴土木，"那您就连隋炀帝都不如啊！"

唐太宗听到他把自己和昏君隋炀帝相比，十分生气，就质问他说："卿谓我不如炀帝，何如桀、纣？"

张玄素当仁不让，大义凛然地回答说："若此役不息，亦同归于乱耳。"

作为一代名君，唐太宗是具有海纳百川的心胸的，因此他很快冷静下来，感慨地对房玄龄说："以卑干尊，古来不易，非其忠直，安能若此？"当即下诏罢除此役。

魏征知道这件事后，赞叹张玄素："张公论事，遂有回天之力，可谓仁人之言哉！"

后来，唐太宗又派张玄素辅佐教诲太子承乾。张玄素针对太子"游畋废学"、"久不坐朝"等屡次上谏，忠心耿耿。太子不但不采纳，反而还多次派人加害于他。承乾被废后，张玄素也受到连累而被罢官。但是，唐太宗知道这不是他的过错，因此又重新起用了他。后来，唐高宗、武则天都相继给予张玄素加赏。

◎故事感悟

张玄素作为一名朝廷命官，为了劝诫皇上不要做那些有害百姓的事情，虽然惹得皇上很不高兴，有时甚至十分愤怒，但张玄素并不畏惧，而是更加耿直上言。他这种克己为勤政的作风在我们当今社会也当提倡！

◎史海撷英

张玄素受任

隋末天下大乱，群雄四起，活动于今河北地区的窦建德攻陷景城，俘获了张玄素，准备杀了他。

这时，城中有千余人请求代张玄素而死，并对窦建德说："此人清慎若是，今倘杀之，乃无天也。"

窦建德听后，忙命人给张玄素松绑，并封他为治书侍御史。但是，张玄素却以隋臣自居，拒不受封。后来张玄素听说隋炀帝在江都被杀，才接受了窦建德委任，为黄门侍郎。

唐灭窦建德后，张玄素归唐，被授为景城都督录事参军。

◎文苑拾萃

望终南山

（唐）李世民

重峦俯渭水，碧嶂插遥天。

出红扶岭日，入翠贮岩烟。

叠松朝若夜，复岫阙疑全。

对此恬千虑，无劳访九仙。

李朝隐克己为政

◎政治当有先后。先理纲后理纪，先理令后理罚，先理近后理
远，先理内后理外，先理本后理末，先理强后理弱，先理大
后理小，先理身后理人。——诸葛亮

李朝隐（665—734年），字光国。陕西京兆三原人。在国家公开的考试中考中了进士，被调到山西临汾任县尉，后升任大理丞。后又被任命为岐州（今陕西省凤翔县境内）刺史，他因为母亲过世而辞职。皇帝召他做扬州大都督府长史，他坚持辞退。第二年，皇帝下了诏书敦促他去扬州就职。回来后又做大理寺卿，封他为金城伯，代替崔隐甫做御史大夫。后又升职为太常卿，离开京城做岭南采访处置使，同时兼管广州。李朝隐死在任上，朝廷追赠他为吏部尚书，谥号贞。

自武则天执政时入仕，到开元年间而终，李朝隐扶持了唐朝的几代皇帝，历任侍御史、长安令、同州刺史、大理卿、吏部侍郎等职，而且为政清严，累著能名。

武则天神龙年间，功臣敬晖、桓彦范等人被武三思诬告，侍御史郑领受武则天的旨意，请求判处他们死刑。在这关键的时刻，李朝隐挺身直言，主张不经审理查实，是不宜轻易用法的。他也因此冒犯了武则天，被贬官流放。后来由于宰相韦巨源等人为他求情，"朝隐素清正，一日远逐，恐骇天下"，才得以免逐。

后来，李朝隐担任了侍御史。当时，宦官当政，没有经过正式程序而非法任命了许多官员。李朝隐不怕打击报复，弹劾罢免了一千四百多个官吏。不久后，李朝隐便改任长安令。有一次，有一个叫闾兴贵的宦官来找他走后门，李朝隐铁面无私，将这个宦官赶了出去。唐睿宗知道这件事后，非常高

兴，特意将李朝隐叫到朝堂上赞扬说："你作为主政京城的官员能够做到这样，我还有什么可忧愁的呢？"

还有一次，安成公主的家奴侵夺了百姓的田地，李朝隐知道后，不徇私情，严格执法，拘捕了公主的家奴，并给予其杖打之刑。从此，权贵豪强再也不敢胡作非为了。

开元二年（714年），李朝隐任吏部侍郎。他主持人事工作公正平允，得到了当时官吏和百姓的高度称赞，唐玄宗下诏给予褒扬和奖赏。后来，李朝隐改任河南尹，严惩了横行乡里的恶霸。当时，太子舅舅的家奴恃势侵害百姓，李朝隐给予了严厉处罚，他说："此而不绳，何以为政？"唐玄宗知道后下旨对他慰问嘉勉。

开元十年（722年），李朝隐任大理卿，当时的武强县令裴景仙因犯罪而逃。唐玄宗大怒，命当众杀之。李朝隐据理力争，认为依法裴景仙罪不当死。唐玄宗不听，李朝隐又上奏说："生杀之柄，人主专之；条别轻重，有司当守。"他坚决主张依法量刑。最终，唐玄宗采纳了李朝隐的正确意见，改判裴景仙杖打一百而后流放。

李朝隐素有公直的美誉，每当御史大夫的职位出现空缺时，当时的舆论都推举他。李朝隐晚年时期，还曾经代崔隐甫为御史大夫。

◎故事感悟

李朝隐为我们树立一个勤勤恳恳、清正廉洁、克己为政的鲜明旗帜。从政者如果不能做到"克己"，那就极容易放纵自己的权欲，运用手中掌握的公权无所欲为，就会走向腐败的深渊。

◎史海撷英

唐玄宗发展经济

唐玄宗即位初期，极为节俭。他规定，凡是三品以下的大臣，以及内官后妃以下者，不得配戴金玉制作的饰物，并且遣散官女，以节省开支。他还下令，全国各地均不得开采珠玉及制造锦绣等，一改武则天以来后宫的奢靡之风。

同时，玄宗还命令宇文融清查全国的逃亡户口及籍外田地，共查得八十多万户，大大地增加唐朝的税收及兵力来源。因为采取了这些措施，唐朝的财政变得丰裕起来，而且全国的粮仓也日益充实，致使物价十分便宜。

◎文苑拾萃

《旧唐书·李朝隐传》节选

（后晋）刘昫

神龙年，功臣敬晖、桓彦范为武三思所构，讽侍御史郑愔奏请诛之，敕大理结其罪。朝隐以晖等所犯，不经推穷，未可即正刑名。时裴谈为大理卿，异笔断斩，仍籍没其家，朝隐由是忤旨。中宗令贬岭南恶处，侍中韦巨源、中书令李峤奏曰："朝隐素称清正，断狱亦甚当事，一朝远逃岭表，恐天下疑其罪。"中宗意解，出为闻喜令。寻迁侍御史，三迁长安令，有宦官闾兴贵诣县请托，朝隐命挝出之。睿宗闻而嘉叹，延召朝隐，劳曰："卿为京县令能如此，朕复何忧。"乃下制曰："夫不吐刚而谄上、不茹柔而黩下者，君子之事也。践霜火绳、登车无屈者，正人之务也。长安县令李朝隐，德义不回，清强自遂，丞闻嘉政，累著能名。近者品官入县，有乖仪式，遂能责之以礼，绳之以愆。但阘茸之流，多有凭特，柔宽之代，必弄威权。历观载籍，常所叹息。朕规诫前古，勤求典宪，能副朕意，实赖斯人。昔虞延持皇后之客，梅陶鞭太子之傅，古称遗直，复见于今。思欲旌其美行，迁以重职，为时属阅户，政在养人，宜加一阶，用表刚烈。可太中大夫。特赐中上考，兼绢百匹。"七迁绛州刺史，兼知吏部选事。

萧瑀端正鲠亮

◎夫人不可求备，自当舍其短而用其长。——《旧唐书》

萧瑀（575—648年），字时文。祖籍黄连（今福建省清流县）。其祖父是后梁宣帝萧詧，曾祖父是昭明太子萧统。萧瑀自幼以孝行闻名天下，且善学能书，骨鲠正直，并深精佛理。以皇后亲弟之重，萧瑀在隋朝年纪轻轻就已做到银青光禄大夫的官，参决要务，后来由于屡屡上谏忤旨，渐为隋炀帝疏斥。特别是萧瑀谏炀帝应该舍高丽而防突厥，引起杨广震怒，贬放为河池郡守。

萧瑀出身名门望族，性格端正耿直，鄙远浮华，因而深得唐高祖李渊和唐太宗李世民的信赖，历任民部尚书、御史大夫、尚书右仆射等职。

唐高祖作为期间，萧瑀任民部尚书、内史令等。他孜孜自勉，绳违举过，人皆惮之，被唐高祖视为心腹，凡诸政务，都会与他商量。

然而，在唐太宗贞观年间，萧瑀却三次被罢官，又三次复官。

贞观初期，有一次，萧瑀在朝堂上与大臣陈叔达发生争执，声色甚厉，以在御前不恭而被免官。不久，他又被重新起用，任御史大夫。

萧瑀论议明晰，但有时难免偏驳不通，持法稍深，因此房玄龄、魏征、温彦博等唐太宗依赖的知名大臣如果稍有错误，萧瑀就会加以痛劾。久而久之，他被罢免御史大夫，改任太子少傅，不再预闻朝政。

几年后，唐太宗又重新起用他，复令他参与朝政。但是，萧瑀仍旧固执介直，每当面见皇帝，总是无休止地说"（房）玄龄辈朋党盗权"，还认为皇帝偏袒。唐太宗心里不快，但终以其忠贞居多而未废。

恰巧在这时，萧瑀信佛，要求出家，唐太宗便顺水推舟地批准了他的请求，没想到萧瑀转而又反悔了。这件事完全激恼了唐太宗，于是下诏夺萧瑀爵位，降其为商州刺史。

贞观二十一年（647年），太宗又复封萧瑀为宋国公。

萧瑀始终忠贞耿介，唐太宗曾经感慨地对房玄龄说："此人（萧瑀）不可以厚利诱之，不可以刑戮惧之，真社稷臣也。"

唐太宗还专门赐给他一首诗，以"疾风知劲草，板荡识诚臣"给予他高度评价。

贞观十七年（643年），唐太宗还把萧瑀同长孙无忌等24名功臣的画像挂于凌烟阁，给予褒赏。唐太宗征伐高丽时，任命萧瑀为洛阳宫守，把守护老家的任务委托予他，显示了对他的高度信任。

◎故事感悟

萧瑀一生为官清廉，他不畏权势，在官场几起几落但仍不改耿直劝谏的秉性，他曾临终留下遗言："生而必死，理之常分。气绝后可著单服一通，以充小敛。棺内施单席而已，冀其速朽，不得加一物。"如此遗言，这更显示出他的克己为国的伟大形象！

◎史海撷英

唐高祖器重萧瑀

唐高祖李渊在位期间，十分器重萧瑀。刚刚进京定位，太祖就遣书招致萧瑀，授他光禄大夫职位，并封宋国公，拜民部尚书。

李渊之所以这么亲重萧瑀，一是因为萧瑀为人正直，二是因为累世金枝玉叶，三则是因为他又是皇后独孤家族的女婿。因此，李渊以心腹视之，每次临朝听政，都赐萧瑀升于御榻而立，亲切地呼之为"萧郎"。唐朝草创，以萧瑀最熟识国典朝仪，他又孜孜自勉，留心政事，故而也深得李渊的信任。

◎文苑拾萃

嘲萧瑀射

（唐）欧阳询

急风吹缓箭，弱手驭强弓。

欲高翻复下，应西还更东。

十回俱著地，两手并擎空。

借问谁为此，乃应是宋公。

杜淹克己无隐

◎大抵天下事以难而废者十之一，以惰而废者十之九。——汪汲

杜淹（？—628年），字执礼。京兆杜陵（今陕西长安东北）人。隋大业末，官至御史中丞。入唐，为天策府兵曹参军，文学馆学士，坐事流越雟。太宗立，召拜御史大夫。寻判吏部尚书，参议政事。《全唐诗》存其诗三首，《全唐文》存其文一篇。生平事迹见《旧唐书》卷六十六、《新唐书》卷九十六。

杜淹是唐朝著名宰相杜如晦的叔父，他聪辩多才，因而深得唐太宗李世民的赏识，历任御史大夫、吏部尚书等职。唐太宗李世民继位后，便任命杜淹为御史大夫。

有一次，杜淹向唐太宗提议说："中央各部门起草的公文可能会有差错，应该派御史前去检查。"

唐太宗征询宰相封德彝的意见，封德彝说："国家设立官职有其明确的职责，官员如果有违法的地方，御史自是应当弹劾纠举。但是如果遍索公文，吹毛求疵，那样就太苛刻了，而且超越了御史的职能，有侵犯其他机构职能之嫌。"

杜淹听完封德彝的这番话后，便默不作声。唐太宗问他为什么不申辩，杜淹回答说："封德彝说的话有道理，臣诚心信服，没有什么话可讲了。"

李世民非常高兴，说："公等各能如是，朕复何忧？"

后来，杜淹改任吏部尚书。他前后推荐了四十余人，这些人中有许多后来都成了知名官员，为国家作出了重要贡献。

有一次，杜淹推荐刑部员外郎邸怀道。

唐太宗问："怀道才行如何？"

杜淹回答说："怀道在隋朝时做吏部主事，'甚有清慎之名'。有一次，隋炀帝准备去江南巡视，召见百官询问去留之计。众大臣察言观色，阿谀奉承，都赞成此行。只有怀道，虽然官小位卑，独言不可。"

唐太宗又问："你当时是什么意见啊？"

杜淹如实回答："臣从众。"

唐太宗批评说："侍奉君主，可以犯颜，但不该隐瞒自己的意见。你称赞邸怀道，但是为什么自己不直谏呢？"

杜淹回答说："臣当时位卑言轻，又知道谏必不从，徒死无益。"

唐太宗说："孔子说过，从父之命，未必是孝子。所以，'父有争子，国有争臣'。你既然认为隋朝的君主是个无道之君，那为什么还要做隋朝的臣子呢？一边吃着隋朝的俸禄，一边又不尽职尽责，这能算忠臣吗？"

于是，唐太宗对群臣说："你们大家讲一讲历史上进谏的故事吧。"

宰相王珪回答说："商朝的时候，比干向纣王进谏被杀，孔子称赞比干，谓其'仁'。国家的大臣责任重大，俸禄优厚，理当极谏；小官地位卑下，声望也轻，允许其从容一些。"

唐太宗又对杜淹说："你在今天可以说是身负重任，愿意极谏吗？"

杜淹回答说："臣在今日，必尽死无隐。"

杜淹病重后，唐太宗亲自前往慰问，并赏赐帛300匹。贞观二年（628年），杜淹病逝。

◎ **故事感悟**

廉如微雨，滋润生机；廉如清茶，褪尽浮华。杜淹克己奉公的作风让我们肃然起敬。这个故事也告诉我们：只有倡导克己勤政，国家才能安宁，百姓才能安居乐业。

◎史海撷英

杜淹平反

唐高祖时期，杜淹本来想投靠太子李建成，当时负责选官的封德彝便将这件事告诉了房玄龄。房玄龄担心这会对李世民不利，就推荐杜淹为天策府兵曹参军、文学馆学士。

武德七年（624年），庆州总管杨文干私运东宫铠甲，后来东窗事发，唐高祖大怒，囚禁了李建成。杨文干很害怕，就干脆举兵谋反了，结果被李世民平定。事后，在齐王李元吉的劝说下，高祖释放了李建成，而归罪于杜淹和东宫属官韦挺，将他们流放到巂州。李世民后来知道杜淹并没有罪，便赠与黄金三百两。

武德末年（626年），玄武门之变爆发后，李世民即位，随即便召回杜淹，拜其为御史大夫，封安吉郡公，赐实封四百户。

◎文苑拾萃

寄赠齐公

（唐）杜淹

冠盖游梁日，诗书问志年。

佩兰长坂上，攀桂小山前。

结交澹若水，履道直如弦。

此欢终未极，于兹独播迁。

赭衣登蜀道，白首别秦川。

泪随沟水逝，心逐晓旌悬。

去去逾千里，悠悠隔九天。

郊野间长薄，城阙隐凝烟。

关门共月对，山路与云连。

此时寸心里，难用尺书传。

听讼唯明，持法唯平

◎尔所言者私忿，我所守者公法，不可以私害
公。——《新唐书》

徐有功（641—702年），名宏敏，字有功。唐河内济源青龙里人。青年时期举明经及第，历经蒲州司法参军、司刑（大理）寺丞、秋官（刑部）郎中、侍御史、司刑寺少卿等。长期在司法任上，是唐武则天时期与酷吏斗争的一面旗帜，也是历史上罕见的一位以死守法、执正的法官、清官。

武则天当政期间，徐有功曾历任蒲州司法参军（地方司法官员）、左肃政台侍御史、司刑少卿（大理寺司法官员）等官职。当时，朝中酷吏恣横，构陷无辜，严刑峻法，朝野震恐，莫敢正言。唯独徐有功敢犯颜护法，虽然曾三次被罢官，但仍然矢志不渝，前后共救了数十家人。

有一次，博州刺史因罪被诛杀，牵涉到官吏颜余庆。武则天便指令酷吏来俊臣审理这件案子，来俊臣就给颜余庆定了个谋反的罪名。

在朝廷上，来俊臣在向武则天汇报时，侍御史魏元忠也认为应判颜余庆死罪，武则天便下旨批准了。而徐有功却坚决反对，认为颜余庆不是"魁首"，不能诛杀。武则天大怒，斥问徐有功："何谓魁首？"

徐有功义正言辞地回答："魁者，大帅；首者，元谋。"

后来，武则天还是免除了颜余庆的死罪。

当时，有一个名叫韩纪孝的人，在徐敬业谋反时接受了伪官职。而朝廷在审理徐敬业谋反案时，韩纪孝已经死了，但负责审理此案的顾仲琰却要求籍没韩纪孝的家产，武则天予以认可。徐有功却抗辩说："人已经死了，就不应该再追究其罪，更不应该株连其他人。"

后来，因为这个案子而获得宽恕的人就有几十个。徐有功还曾经对自己的亲人说："今身为大理，人命所悬，必不能顺旨诡辞，以求苟免。"

当时，告密者通常都采取诱使他人的奴婢状告主人的办法，以求得官府的功赏。润州刺史窦孝谌的妻子庞氏被奴婢诬告，监察御史薛季昶审理认为应该判庞氏死罪。其子到徐有功处诉冤，徐有功一边发文要求停刑，一边上奏武则天。

薛季昶闻讯后，十分恼火，弹劾徐有功枉法，罪当处死。徐有功却说："岂吾独死，而诸人长不死邪？"

武则天召见徐有功，并责问他说："公此断狱多失出，何耶？"

徐有功回答："失出，臣小过；好生，陛下大德。"

武则天知道徐有功是忠臣，于是便免去了庞氏的死罪。

天授元年（690年），道州刺史李仁褒兄弟被酷吏所陷害，徐有功虽然坚持抗争护法，但没有成功，并因此被罢官。不久，他又被重新起用为侍御史，"天下闻有功复进，洒然相贺"。

徐有功审案也是卓然守法，虽死不移，为此，武则天十分敬重他，时人也经常赞颂徐有功"听讼唯明，持法唯平"。

◎故事感悟

徐有功既不为己谋利，也不为君主之私欲所动摇，他守的是天下之法。正因为他是一位刚正不阿的清官，才能在种种诬陷冤告中傲然挺立，使频频弹劾、推审他的酷吏在他身上找不到"罪证"。公正、忠诚、无私、才干和勇气，是徐有功成为古代最优秀法官的主要原因，他也因此受到历代人民的拥护和爱戴。

◎史海撷英

徐有功被罢官

徐有功曾在司刑寺任职三年。在这三年中，他纠正了数百件冤假错案，救活人命数千。三年任满后，徐有功被调到秋官（原称刑部），任秋官员外郎，后又升为秋官郎中（从五品），负责复核司刑寺的判决，并能参与大案的审理。

徐有功到任不久，有一天，他的顶头上司周兴（武则天时有名的酷吏）交给他一份案卷，说："此宗案是原道州刺史旧唐宗室李仁褒兄弟的谋反案，司刑寺已判为谋反罪，你拿去看一看……"

徐有功接过案卷细细查看后，对周兴说："兄弟俩练武比箭怎能定为叛逆谋反呢？这不是太冤枉人了吗？应该马上纠正！"

周兴却冷冷地说："李仁褒兄弟都是旧唐李氏宗室的人，你知道圣神皇帝最恨的是谁吗？管他们练武也罢、比箭也罢，今天他们动刀动枪，明天就会带兵谋反，定他们谋反罪有什么错？"

徐有功大声争辩说："难道练武比箭能推论定谋反罪？天理何存，国法何在？难道皇帝就可不凭事实说话？！"

两人为此争执起来。

于是，周兴便以秋官侍郎的身份压制徐有功，并写成一状尽述徐有功的诬告之词，上奏给武则天，说徐有功有某种政治动机。于是武则天便下诏："禁止逮捕审讯徐有功，罢免他的官职，削职为民。"

◎文苑拾萃

送直阁杜君章守齐

（宋）晁补之

杜公文史不读律，平反世称徐有功。
官为列卿位亦显，皋陶事与礼乐同。
书生骱骸笑法令，弦歌不愧陵陂中。
众贤和豫治乃举，但愿主圣朝廷公。
白头典校汉天禄，未烦载酒如扬雄。
自言臣老应报国，五马便去如飞鸿。
京东耳闻事可数，似说振贷仓储空。
裕民诚患力不足，掊国岂与民俱穷。
才难所要遇事了，仁厚未免无能蒙。
囊中餐玉百未试，干越在匣光生虹。

桓彦范克己为国

◎今既躬为大理，人命所悬，必不能顺旨诡辞，以求
苟免。——桓彦范

唐中宗李显（656—710年），汉族。原名李哲。唐高宗李治第七子，武则天第三子（684—684年、705—710年在位）。唐中宗前后两次当政，共在位7年，终年55岁，葬于定陵（今陕西省富平县西北7500米的凤凰山）。

武则天在位期间，桓彦范曾历任监察御史、御史中丞、门下侍中等，狄仁杰十分赏识他，曾对他说："足下才识如是，必能自致远大。"

桓彦范曾冒着被罢官杀头的危险，先后十次上奏武则天，强烈要求对被酷吏周兴、来俊臣等诬陷的人给予赦免，并积极配合御史中丞，弹劾奸佞大臣张昌宗。百姓见此，莫不欢呼相贺。

神龙元年（697年），桓彦范与张柬之等人，利用武则天生病之机，控制了皇家左右羽林军，杀死了武则天的宠臣张昌宗、张易之兄弟，逼迫武则天退位，辅佐唐中宗即位，恢复了李家唐朝。桓彦范因护国有功，被赐勋上柱国，加封谯郡公，晋升为门下侍中。

唐中宗继位后，皇后韦氏干政，唐朝又一次面临着后宫乱政的局面。针对这一现象，桓彦范上书进谏："往昔，孔子论诗以《关雎》为始，指出'后妃者人伦之本，理乱之端也'。现在，陛下每临朝听政，皇后必施帷幔坐于殿上，预闻政事。臣查阅了历朝的历史，帝王有与妇人谋及政者，莫不破国亡身。请陛下吸取历史教训，以社稷为重，以苍生为念，不要让皇后前往正殿

干预国政。"

当时，有邪僧慧范借佛教蛊惑后妃，随意出入后宫扰乱时政。桓彦范再次上书进谏说："孔子曰：'执左道以乱政者杀，假鬼神以危人者杀。'今慧范之罪当杀。如果不马上杀掉他，以后必生变乱。除恶务本，去邪勿疑，请陛下早作决断。"

那个时期，唐王朝可谓邪恶当道，朝廷竟授予方术人郑普思秘书监、叶净能国子祭酒。对此，桓彦范再次向唐中宗苦谏说："陛下自继位以来，决心仿效贞观盛世治理国家。贞观时期，以魏征、虞世南、颜师古为秘书监，以孔颖达为国子祭酒。郑普思等方伎庸流，怎么能与前贤名流相比呢？臣恐天下议论陛下官不择才，滥以公职加于私爱。请陛下谨慎抉择。"然而，昏庸无能的唐中宗根本听不进去。

后来，桓彦范果然被韦皇后与武三思等人谋害致死，时年仅55岁。唐睿宗即位后，追复其官爵。唐玄宗即位后，又追赠其配享唐中宗庙庭。

◎故事感悟

桓彦范的一生清正廉洁，充满以身献法的浩然正气。做人一定不能一味顺从，违反法律诡辩，以求苟活。只有依法办事，处事公道，群众才会拥护你；只有克己奉公，才能确保政令畅通。

◎史海撷英

唐中宗被贬

唐高宗李治于683年12月病死，中宗李显于同月甲子日继位，第二年改年号为"嗣圣"。

唐中宗比唐高宗更为优柔无能。他即位后，便尊武则天为皇太后，裴炎受遗诏辅政，政事皆取决于武则天。

中宗重用韦皇后的亲戚，试图组成自己的集团，欲以韦皇后之父韦元贞为侍中（宰相职），裴炎认为不可行。中宗为此大怒，说："我以天下给韦元贞，也无不可，难道还吝惜一侍中吗？"裴炎听后，将此事报告给武则天，武则天对中宗的举动大为恼火。

684年2月，继位仅仅两个月的唐中宗便被武则天废为庐陵王，贬出长安。

◎文苑拾萃

九月九日幸临渭亭登高得秋字

（唐）李显

九日正乘秋，三杯兴巳周。

泛桂迎尊满，吹花向酒浮。

长房萸早熟，彭泽菊初收。

何藉龙沙上，方得恣淹留。

方直克己的萧至忠

◎故事，台中无长官。御史，人君耳目，比肩事主，得各自
弹事，不相关白。或先白大夫而许弹事，如弹大夫，不知
白谁也。——《册府元龟》

萧至忠（？—713年），萧德言的曾孙。祖籍南兰陵，后徙居沂州（山东枣庄）。青年时期以清谨著称。神龙初年，自吏部员升至御史中丞，后又升至吏部侍郎、中书侍郎、兼中书令。睿宗即位，命其为晋州刺史。他与窦怀贞、魏知古、崔湜、陆象先、徐坚等撰《姓族系录》200卷。后坐附太平公主伏诛。有诗九首。

萧至忠是唐朝著名的大臣，主要活动在中宗、睿宗时期，曾历任监察御史、御史中丞、吏部尚书、中书令等，以善于决断而誉闻当时。

有一次，萧至忠与友人相约某天在一个路口相见。约会那天，恰巧天降暴风雪，非常寒冷，路人都纷纷躲避到路边的房子里取暖，只有萧至忠仍然站在路口等候朋友。大家都劝他到房子里取暖，他回答说："哪有为了自己的安适而失信于人的道理呢？"

萧至忠升任监察御史后，有一次，他弹劾大臣苏味道贪赃枉法。御史大夫李承嘉就把御史们叫来责备说："弹事不向御史大夫请示报告，这合乎道理吗？"

众人都吓得不敢说话。

这时萧至忠却正色地回答说："依据惯例，御史台没有长官。御史，是皇帝的耳目，与所弹劾的官员具有相等的地位，可以各自独立地弹事，互相不必请示报告。如果弹事要先向御史大夫请示报告，那么，弹劾御史大夫又该向谁请示报告呢？"

李承嘉无言以答，十分惭愧。

　　唐中宗复位后，有人便检举相王李旦与太平公主欲谋不轨，唐中宗便令萧至忠审理此案。而萧至忠却向唐中宗进言说："陛下富有四海，贵为天子，难道不能容得下一个弟弟和一个妹妹吗？臣认为，国家江山社稷的存亡兴废正在于君臣能否团结一心啊！汉书云：'一尺布，尚可缝；一斗粟，尚可舂。兄弟二人不相容！'请陛下详查此言。何况，武则天皇后本来欲立相王为太子，可相王几天都不吃东西，坚持迎接陛下回朝，这已经成为百姓们传颂的佳话。可见，这些举报都是虚构的。"

　　唐中宗采纳了萧至忠的建议，从而避免了一场兄弟之间的血腥屠杀。

　　不久，萧至忠被任命为中书侍郎。他上书陈政："求治之道，首于用贤。"他认为，官员如果没有与职务相应的才能必然渎职，渎职则必然会把公事办砸，最后受害的一定是国家和百姓。他说，现在授职用人，大多是用贵要来粉饰，上下之间互相蒙骗。他提出："夫官爵，公器也；恩，私惠也。"对于有功于国家的封王们，国家可以给他们金银使他们富起来，给他们粮食和肉类让他们吃好，以表示对他们的恩泽。但是，如果用官职作为奖赏，必然造成"公义不行"，"私谒开而正言塞"。

　　萧至忠升任中书令后，大臣宗楚客、纪处纳等奸吏勾结朋党，大臣韦巨源等只求自保，无所匡正，唯有萧至忠介于其间，独不诡随，颇存正道，时望归重。

◎故事感悟

　　执政者，当如是！萧至忠为人容止闲敏，做御史方直严明，纠弹不法，清俭克己，简约自高，被时人推誉为名臣。

◎史海撷英

一朝被废，两次为帝

　　武则天当政时，即位不足两月的唐中宗李显被废黜，他的弟弟雍王李旦即位。

李显被废后，封为庐陵王，并被迁往均州（湖北十堰市），不久又迁至房州（湖北房县）。到这时，李显联想到长兄被杀、仲兄被废的缘由，终于明白母亲废掉自己的目的，是要自己称帝，自己的亲生母亲对权力的追逐远胜于骨肉之情，冒犯了母后，下场将不堪设想。明白了母后残忍的李显惶惶不可终日，在恐惧和韦后的激励中，在房州度过了18年的幽禁生涯。

这18年中，武则天又废掉了四子李旦，终于走上前台，自己做起了皇帝。而自己百年之后，帝位是传给李姓还是武姓，也成了武则天犹豫不决的问题。

这时，以武承嗣、武三思为首的武家子侄们开始跃跃欲试，甚至联合酷吏迫害李氏宗室，洛阳人王庆之等数百人上表请立武承嗣为皇太子，废皇嗣李旦，结果被李昭德假借圣命将其杖杀。李武两姓的储位之争已经到了喋血宫门的程度。

在宰相狄仁杰、王方庆、王及善等苦口婆心的劝说下，武则天终于明白过来，立李姓储位，自己还可以享受万年香火；而立武姓则不可能进入太庙。于是，武则天决定召还庐陵王李显，并立其为嗣。

698年，庐陵王李显终于结束了18年的幽禁生活，回到母亲身边，重被立为太子。复立庐陵王为太子的决定，符合士庶民心，平息了李、武两姓间长达8年的争夺，消除了不安定因素。

◎文苑拾萃

奉和幸安乐公主山庄应制

（唐）萧至忠

西郊窈窕凤凰台，北渚平明法驾来。
匝地金声初度曲，周堂玉溜好传杯。
湾路分游画舟转，岸门相向碧亭开。
微臣此时承宴乐，仿佛疑从星汉回。

陆贽的拒贿之道

◎廉者常乐无求，贪者常有无足。——王通

> 　　陆贽（754—805年），字敬舆。苏州嘉兴（今属浙江）人。唐代政治家、文学家。大历八年（773年）进士，中博学宏辞、书判拔萃科。德宗即位，召充翰林学士。贞元八年（792年）出任宰相，但两年后即因与裴延龄有矛盾，被贬充忠州（今重庆忠县）别驾（州主管官的佐吏），永贞元年卒于任所，谥号宣。有《陆宣公翰苑集》24卷行世。

　　陆贽是唐德宗时期的著名宰相，他为官清廉正派，对上不捧，对下不贪，很受时人的敬佩和拥戴。

　　唐德宗曾认为陆贽"清慎太过"，私下派人送了一道"密旨"于他，要他别太过分，灵活一点儿，即对他人的馈赠不必一概拒绝，可视礼而定，若是重礼则不收，若是如马鞭、鞋靴之类的"薄礼"，"收亦无妨"。否则，办起事来不大方便。然而，陆贽并没有因为皇上的圣旨就遵命照办，仍然一如既往，始终保持着自己清慎的节操。

　　陆贽在回复皇上的"密旨"中说：收重礼是受贿，收薄礼也是受贿；"贿道一开，展转滋甚，鞭靴不已，必及衣裘；衣裘不已，必及币帛；币帛不已，必及车舆；车舆不已，必及金璧"。因此，不能因礼薄而认为"收亦无妨"，虽是小贿也必须固拒之；否则，"涓流不止，溪壑成灾"，"利于小者必害于大"。

　　他还认为，为官受贿，从大处看，是"忘忧困之诚"，只为了饱自己的私囊，不顾念于国家百姓的忧困；从小处看，是"焚身之祸"，贪利受贿者，总有一天会自食其果，受到严惩，落得身败名裂的下场。陆贽还认为，自身正，

方能正人，自己身为宰相，更应当成为满朝文武官员的表率，更必须时时事事严守清慎之志，不以利小而受之。只有这样，他这个当朝宰相才能坦然地监督群吏克己奉公，勤于国事，把国家的事情办好，使之立于不败之地。

◎故事感悟

陆贽的拒贿之道并没有什么深奥和独到，可用一句话来概括："利于小者必害于大。"然而，道理虽浅显易明，但真正能够做到却未必容易。有些人在大贿面前可能头脑清醒，把持得住，但在小节上却往往不以为然，十分随意。结果，露水珠引河水，一发而不可收，最终让自己陷入不能自拔的境地。

◎史海撷英

陆贽的治军思想

唐德宗在位期间，曾征调关东比较富庶地区的士兵轮番戍守边防。由于士兵缺乏训练，不能适应边疆的艰苦环境；边帅身不临边而在内地，又选精兵锐卒自随左右，导致把守边防要塞的士兵更加缺乏战斗力的情况。

针对这种情况，陆贽建议：选派士兵"必量其习性，辨其土宜，察其技能，知其欲恶，用其力而不违其性，齐其俗而不易其宜，引其善而不责其所不能，禁其非而不处其所不欲"。加强训练，严明纪律，又要抚以恩惠，安排好家属，安乐其居，使之思想稳定，才能发挥战斗力，做到"出则足兵，居则足食，守则固，战则强"。

为此，陆贽提议取消各道将士轮番防秋的制度，按原来军队人数分成三部分：一部分委命本道节度使招募年轻力壮愿住边城者而迁移之；一部分则由本道但供衣粮，委命关内、河东各军州招募蕃汉子弟愿入边军者以供给之；一部分由本道仅出衣粮，加给应募之人，作为新迁居的费用，又命度支在各道和市耕牛，兼雇手工业者到各军城修造器具。召募的人，每家可给耕牛一头和各种农田水火器具，使其完备，这样"寇至则人自为战，时至则家自力耕"。军事力量必增，粮食供给必足，避免了轮番征发之苦，又可以减轻国家的财政负担。

◎文苑拾萃

赋得御园芳草

（唐）陆贽

阴阴御园里，瑶草日光长。

霏靡含烟雾，依稀带夕阳。

雨余莫更密，风暖蕙初香。

拥杖缘驰道，乘舆入建章。

湿烟摇不散，细影乱无行。

恒恐韶光晚，何人辨早芳。

史卢均克己拒赂

◎问渠哪得清如许，为有源头活水来。——朱熹《观书有感》

> 史卢均（生卒年不详），字子和。原籍是范阳人。唐朝文宗时人，代替李从易担任广州刺史、御史大夫、岭南节度使等官职。他为官清正，为人刚直，品性高洁，恪守道义，不为厚利所动。特别是他以"礼"为行事标准，深受当地百姓爱戴和商贾尊敬。

唐朝时期，在史卢均任职管辖的范围，正好有个南海海运这个肥缺。

南海素来都是海上交通贸易的中枢之地，加上岭南物产丰富，有很多内陆难得一见的物产。所以，广州一带的船只往来也十分频繁。海上交通方便，各地的富商也会带着珍奇异宝纷纷来到这里，希望以此换回岭南的珍宝。以前，凡来岭南任职的官员，大都要巧取豪夺一番，在这里发财致富。凡做过南海官员的，没有一个不是满载而归的。唯独史卢均在这里任职期间，没有中饱私囊。对于获利丰厚的海事，他只派一位忠直的监军去管理，而自己则从不介入、不染手。

史卢均刚刚上任时，当地的船舶商贾都按照老规矩纷纷来到史卢均的官府，或送大礼，或要以低廉的价格将珍奇异宝卖给史卢均。史卢均一概婉言拒接，有的甚至直接就拒之门外。

这让那些商人有些摸不着头脑了：此前的官员哪个不是能拿多少拿多少，这位新上任的史大人究竟葫芦里卖的是什么药？真不知道是胃口更大，难以伺候，还是真的来了位清官！多数人虽然满腹狐疑，但还是不甘心无功而返，决定再观望一阵子。

　　然而，其中有一位姓钱的商人，自觉对官摸得十分透彻，他觉得世上就没有见了好处害怕烫手的官，只是大家还没有触到点子上而已。经过多方打听，这位钱商人终于获知，史卢均爱好广泛，对篆刻尤为痴迷，十分喜欢收集各种印章。于是，他多方找寻，终于以高价购得一方有如古董的玉章。

　　而且，这位钱姓商人与史卢均还都是范阳人，于是他就以拜会老乡的名义，带着那方珍贵的印章去见史卢均。

　　这次，钱姓商人果然没被史卢均直接拒绝在府门外边。两人相见，当然是先说了一些家乡的闲话。渐渐地，钱商人就把自己现学的关于刻石印章的知识搬了出来，与史卢均讨论起来。史卢均果然兴趣大增，还以为碰到了知己。

　　这时，钱商人便拿出了那方玉章，名义上是想请史卢均加以鉴定。史卢均一见，就有些爱不释手，这可真是一方难得一见的印章珍品。他一面连声称赞，一面仔细把玩。商人见状，喜上心头，以为自己这次是踩对点了。

　　看看时机已差不多了，商人就煞有介事地说："要是大人喜欢，我愿意将这方玉章赠给大人。"

　　史卢均一听，不禁顿了一下，随即便将手中的玉章放在桌上，微微一笑，说："君子不夺人之爱啊！不可不可。"

　　钱姓商人没想到对玉章那样爱不释手的史卢均会拒绝得如此干脆，一时情急，商人本性便表露无遗了。他着急地说："大人不愿夺人之爱，可是小人却好成人之美。若是大人觉得心中不安，大可按市价将之收购。"

　　史卢均听罢哈哈大笑，说："只怕这市价远非我薪俸可以承担，还要以海事从中弥补，可是下官已经对海事另有安排，自己决不插手，这让我如何担得起这方珍贵的玉章？钱君，还是好好珍惜这方无价之宝吧！"

　　被史卢均这样点明，钱商人也不好再纠缠下去了，只得收起玉章灰溜溜地告辞了。

◎故事感悟

　　史卢均不只在海事上清正自重，更以自己公正有德、为事以礼的高洁品性被

当地人所赞誉。当地人对史卢均的评价并不在于他作出什么惊天地、泣鬼神的感人业绩，而是在于他当官处理事情时不越礼，以推己及人、仁者爱人的思想为当地人做事。所以当地人改变了以往对官员行贿的习惯，遵礼守法，对史卢均从礼的态度给予了高度的评价。

◎文苑拾萃

克己复礼

（宋）张载

克己工夫未肯加，吝骄封闭缩如蜗。

试于中夜深思省，剖破藩篱好大家。

范祖干说朱元璋

◎遵循人类社会发展的规律，推动社会主义和共产主义事业不断前进，使社会主义和共产主义社会更快地实现。这就是我们的理想。——刘少奇

范祖干（生卒年不详），廖七公，字景先，号柏轩。兰溪香溪范氏十三世孙，金华高店范氏始祖，世称纯孝先生。范祖干性至孝，范祖干从小跟从同乡许谦游学，尊崇世叔儒家严守慎独"范浚"，至正末领荐为西湖书院山长，以父母老辞仕而归。以褒扬范祖干至孝美德，明太祖下旨金华郡府建立"纯孝坊"。又建立"二贤道学坊"，以褒扬范祖干与世叔范浚儒学思想之功德。范祖干家乡改为纯孝乡。

元朝末年，朱元璋在以武力攻取天下的过程中，也很注意与文人学士探讨治国之道。

朱元璋攻下婺州后，召见了金华学者范祖干和叶仪。

范祖干将《大学》一书送给朱元璋。朱元璋问治国之道以何为先？范祖干回答说，不出这本书的范围。

朱元璋让他进一步剖析说明书中的思想。范祖干说："帝王之道自修身齐家开始以至于到治国平天下，无论干什么事都需要上下前后各个方面摆平摆正，使天下各方面的事务都得到它应得的安排，这以后才谈得上治国。"

朱元璋说："圣人之道确实可以作为万代人的依据。我自起兵以来一直注意你说的这一点，假如我的号令赏罚有所不平，有宽有严，有亲有疏，那怎么能够服众？所以说武力能够平定祸乱，修文才能导致太平，就是这个道理。"于是对二人以礼相待，朱元璋任命他们为谘议。范祖干在任期间政绩突出，深得朱元璋的赞赏。

◎故事感悟

朱元璋明白赏罚要分明的道理，只有克制自己的主观思想，尽量做到赏罚都客观，才能调动属下的积极主动性。只有"赏罚分明"了，才能使人口服心服，让下属有较强的进取心，从而顺利完成目标。

◎史海撷英

朱元璋与月饼起义

元末，中原地区的广大人民不堪忍受元统治者的残酷统治，纷纷起义抗元。朱元璋也联合各路反抗力量准备起义。但是，朝廷官兵搜查十分严密，起义军之间互相传递消息十分困难。为此，军师刘伯温就想出了一条计策，命令属下将一张藏有"八月十五夜起义"的小纸条藏入饼子里面，再派人分头传送到各地起义军中，通知他们在八月十五日晚上起义响应。到了起义的那天，各路义军果然一齐响应，起义军如星火燎原般燃起。

很快，徐达就攻下了元大都，起义获得成功。消息传来，朱元璋高兴得连忙传口谕，在即将来临的中秋节，全体将士要与民同乐，并将当年起兵时以秘密传递信息的"月饼"作为节令糕点赏赐群臣。此后，中秋吃月饼的习俗便在民间流传开来。

◎文苑拾萃

登江苏金坛顾龙山

（明）朱元璋

望西南隐隐神坛，独跨征车，信步登山。

烟寺迁迁，云林郁郁，风竹珊珊。

一尘不染，浮生九还，客中有僧舍三间，

他日偷闲，花鸟娱情，山水相看。

己不正焉能正人

◎民有求于官，官无不应；官有劳于民，民自乐承。
不然，事急而使之，必有不应者。——汪辉祖

严本（生卒年不详），字志道。江阴人。明朝大臣。小时候博览群书，熟悉法律，以傅霖《刑统赋》辞约义博。著《辑义》四卷。

明朝常州府江阴县的严本是当地很有名望的人。他自幼丧母，8岁到嘉定县姑姑家从师学习，后回江阴，读书种田奉养父亲。他与本地德高望重的乡贤结为忘年之交，把自己住的房子题名"君子斋"。

严本为官清廉，生活简朴，注重名教。他很小的时候很贪玩，喜好弹琵琶，受了父亲的教育就不再弹了。后来他又曾特别爱喝酒，喝起酒来不顾一切，受了乡贤黄友古老先生的教育也有所改正。后来读了程子关于制外安内的一些言论后，更使他顿然清醒，从不喝酒开始，进一步推及到其他方面：淫荡的乐声不听；靡丽的图画不看；亲朋好友设宴席如果有歌妓劝酒，他就坚决回避；凡是他参加的这类的宴请招待，也只是按礼节应酬一下，从不大吃大喝。

他不忘孔子关于对鬼神要敬而远之的训教，凡是有关鬼神迷信的事绝口不谈。看见别人家的妇女到寺观庙宇中去，总要对人指斥她们的非礼。

有人劝他不要这样做，会得罪人遭埋怨的。严本理直气壮地说："我是以名教为重的，还怕什么别人埋怨。"严本的做法似乎有点不近人情，但对于一个执掌刑律的官员来说，自己不正，怎能正人呢？

永乐年间，严本曾经受到江阴县令的举荐。后他被授予大理寺左寺正。

◎故事感悟

严本的话是对的。所谓上行下效，自己都不能克己为正，以身作则，还怎么要求下属要克己为正呢？！作为某一个社会分工的团体，特别是作为领头人或是下属，在做任何事时，首先要想到的就是：在这项社会活动当中，别人会在以集团的整体利益下得到什么，而不是自己能在这一社会活动中得到什么，不为自己考虑，心中无欲，那就不会做出与整体利益相违背的事。

◎文苑拾萃

谢太傅杜相公宠示嘉篇

（宋）欧阳修

凛凛节奇霜涧中，昭昭心莹玉壶冰。

正身尚可清风俗，当暑何须厌郁蒸。

麈柄屡挥容请益，龙门虽峻忝先登。

立朝行己师资久，宁止篇章此服膺。

朱棣克己为国

◎鞠躬尽瘁，死而后已。——诸葛亮

明成祖朱棣（1360—1424年），明朝第三代皇帝，明太祖朱元璋第四子。生于应天，时事征伐，并受封为燕王，后发动靖难之役，起事攻打侄儿建文帝，夺位登基。死后原庙号为"太宗"，百多年后由明世宗朱厚熜改为"成祖"。明成祖的统治时期被称为"永乐盛世"。

在明太祖朱元璋的众皇子之中，朱棣是最历练事务的人。当上皇帝后，他往往事必躬亲，凡事过问，因而每日事务繁忙，应接不暇。

朱棣曾说："一个小小的东西，放在不稳定的地方就危险，放在稳当的地方就安全。"

他曾指着一尊镇纸金狮，感慨地说："天下是最重要的'大器'，更应放在安全的地方，怎么可以放在危险的地方呢？即使天下太平，也不可忘了危险。所以在小事上必须谨慎，小事上如果不谨慎，长此以往，就可能招致大的祸患。"因此，朱棣不敢有丝毫的懈怠，处处克己，以求天下之治。

朱棣将大臣送上的《大学正心章讲义》反复读了许多遍，尤其欣赏其中静心寡欲的道理，认为做皇帝的尤其不能有所好恶，情绪波动太大，应该尽量做到心静而虚。

由于上朝时忙于政事，往往来不及静思，退朝后则容易放松自己，朱棣便经常静坐冥思，以约束自己的欲心。每次想到天下，他就顿时警觉，克己之心就油然而生。

于是，他将欲心与天下联想："为人君，只要宫室、车马、服食、玩好无所增加，则天下自然无事。"

朱棣的生活很俭朴，有一次上朝时，他穿的内衣已破旧，甚至衣袖外露，也舍不得扔掉，并且让宫中人重新缝补之后再穿。他不仅自己俭朴不浪费，还要求子女以俭行事，绝不允许奢侈浪费。侍臣们看到那件满是补丁的衣服，由衷地佩服皇帝的为人，并大加赞颂皇帝的"圣德"，心悦诚服。外国使臣向他朝贡玉碗，他说库府中已有这个东西，拒而不受，让礼部赐钞遣还。

对朱棣而言，这类平日不用，库府中又有的东西，他则尽量限制，免得群臣百官察其所好，争相进献，而不致力于国事。明朝初期，民生凋零，朱棣在位时期居安思危，励精图治，经济日益发展，国家日渐稳定。

◎故事感悟

作为一国之君，朱棣处处克己，主要是因为担心官员之间互相攀比奢靡，以致影响社会风气。为了天下这一"大器"，朱棣不敢有丝毫的懈怠，以求天下之治，这种举动值得赞赏！

◎史海撷英

朱棣加强中央集权

朱棣在位期间，进一步强化君主专制制度。永乐初年，他曾先后复周、齐、代、岷诸王旧封。但当其皇位比较巩固时，他又继续实行削藩政策，周、齐、代、岷诸王再次遭到削夺；迁宁王于南昌；徙谷王于长沙，旋废为庶人；削辽王护卫。

朱棣还继续实行朱元璋时期的富民政策，以加强对豪强地主的控制。永乐初年，开始设置内阁，选择资历较浅的官僚入阁参与机务，从而解决了废罢中书省后行政机构的空缺。

朱棣还十分重视监察机构的作用，设立分遣御史巡行天下的制度，鼓励官吏互相告讦。他利用宦官出使、专征、监军、分镇、刺臣民隐事，设置镇守内臣和东厂衙门，恢复了洪武时废罢的锦衣卫，厂卫合势，发展和强化了封建专制统治制度。

◎文苑拾萃

赐太子少师姚广孝七十寿诗（二首）

（明）朱棣

寿介逃虚子，耆年尚未央。

功名跻辅弼，声誉籍文章。

昼静槐阴合，秋清桂子香。

国恩期必报，化日正舒长。

玉露滋芳席，奎魁照碧空。

斯文逢盛世，学古振儒风。

未可还山隐，当存报国忠。

百龄有余庆，写此寿仙翁。

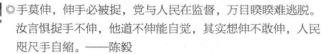

于青天克己为国

◎手莫伸，伸手必被捉，党与人民在监督，万目睽睽难逃脱。
汝言惧捉手不伸，他道不伸能自觉，其实想伸不敢伸，人民
咫尺手自缩。——陈毅

于谦（1398—1457年），字廷益，号节庵。明代名臣。官至少保，世称于少保。祖籍考城（今民权县），故里在今民权县程庄乡于庄村。于谦与岳飞、张煌言并称"西湖三杰"。

于谦是明朝的名吏，也是一代清官，人称"于龙图"、"于青天"。

在20岁左右时，于谦就写下了流芳百世的佳作《石灰吟》："千锤万凿出深山，烈火焚烧若等闲。粉身碎骨浑不怕，要留清白在人间。"这首述志诗也成为于谦一生的写照。

于谦很有才华，因而很年轻时就做了高官。但他始终以"廉洁公正"闻名，不徇情枉法，也不与贪官为伍。

当时，宦官王振在明英宗朱祁镇面前很得宠，于是他招权纳贿，贪赃枉法，肆无忌惮。文武群臣因畏惧王振的权势，都纷纷献金求媚。唯独于谦从不买王振的账。有人劝他说："不献金，也可以带些土特产送点人情嘛。"于谦听后，哈哈大笑，举起双袖风趣地说："谁说我什么也没带？我带有两袖清风。"并作诗一首："手帕蘑菇和线香，本资民用反为殃。清风两袖朝天去，免得闾阎话短长。"

从此，"两袖清风"便成为为官清廉的成语而千古流传。

王振因嫉恨于谦，曾唆使爪牙弹劾于谦，将于谦打入死牢。幸得老百姓纷纷到京师上书，请求释放于谦；又集合了一万多人，伏阙上书，请求朝廷恢

复于谦的原职，于谦才幸免于难。

不久，王振又挟昏庸的22岁明英宗，率50万大军出征瓦剌。结果明军战败，英宗被俘，史称"土木堡之变"。

英宗被俘后，京城群龙无首，一片混乱，于谦受任于危难之际。他勇挑重担，发动民众积极坚壁清野，主动出击，最终大败瓦剌。

于谦想彻底挫败瓦剌要挟明英宗威胁朝廷的阴谋，为此提出了"社稷为重，君为轻"的合理方针，拥立朱祁钰登基，是为明景帝，改元景泰，遥尊英宗为太上皇。这本是权益之计，结果却为日后被杀埋下了祸根。

瓦剌见明英宗已没有可利用的价值了，便把他放了回来。这一举动表面看平常，实则是凶险的计谋。常言道，一国不能有二帝。果然不久，英宗靠阴谋诡计，完成了"南宫之变"，又重新登上帝位。在太上皇和皇帝之间争皇位之时，作为兵部尚书的于谦手握兵权，完全可以左右政局，但他为顾全大局，默然不动，听任英宗复辟，以身任祸，最后以死报国，以"意欲谋反罪"慷慨赴死。

在抄于谦的家时，人们发现，这位一品大臣竟然"家无余赀，萧然仅书籍耳"！而贪官王振在被处死后，没收其家财：京城内外私邸数处，金银六十余库，玉盘百余面，珊瑚六七尺高的二十余株，马数万匹，其他币帛不计其数。而后来接替于谦的兵部尚书陈汝言，不到一年就累赃巨万。

明英宗感慨地说："于谦在景泰年间，曾为朝廷所倚重，死时家里一贫如洗，而陈汝言只当了一年兵部尚书，却累积这么多的财富。"后悔自己错杀了于谦。

◎故事感悟

像于谦这样的好官、清官、义官，忠心爱国，勤政廉洁，严守节操都达到了极至，在任何时代都是为官者的不二楷模。在那样腐败的时代，贪官之流大有人在，而于谦却能两袖清风，清廉为官，值得赞叹。

◎史海撷英

于谦巡查江西

于谦在巡按江西时，曾昭雪了被冤枉的几百个囚犯。

他还上疏奏报陕西各处官校骚扰百姓，诏令派御史逮捕他们。皇帝信任于谦可以承担重任，当时刚要增设各部右侍郎为直接派驻省的巡抚，于是亲手写下于谦的名字交给吏部，越级提升他为兵部右侍郎，巡抚河南、山西。

于谦到任后，走遍了所管辖的每个地区，访问当地父老，考察当时各项应兴办或革新的事，并立即上疏提出。一年上疏几次，稍有水旱灾害，于谦都会马上上报。

◎文苑拾萃

咏煤炭

（明）于谦

凿开混沌得乌金，蓄藏阳和意最深。

爝火燃回春浩浩，洪炉照破夜沉沉。

鼎彝元赖生成力，铁石犹存死后心。

但愿苍生俱饱暖，不辞辛苦出山林。

储罐克己清廉

◎与人不求备，检身若不及。——《尚书伊训》

> 储罐(1457—1513年)，字静夫。明代中叶泰州人。他自幼聪明好学，5岁能背诵诗文，9岁能写文章，时称神童。27岁乡试第一，次年会试第一，明成化年间殿试二甲第一，高中进士，从此走上仕途。他在任为官清正，办事一丝不苟，直至卒于任上。嘉靖二年(1523年)明世宗时赐谥"文懿"，崇祀于扬州府及泰州乡贤祠。

明朝时期，山东泰州有一位清正廉明、办事公道塌实、以国家人民利益为重的贤吏，名叫储罐。

弘治七年(1494年)，吏部尚书耿裕认为储罐为人"简重端默"，很是赏识，便将他从南京调往北京任考功清吏司郎中，负责对有关官员进行考核。

储罐到任后，处处出以公心，坚持任人唯贤。当时，中书舍人丁玑、进士李文祥、考功主事张吉、王纯等人，都是正派敢于直谏的官员，可明宪宗反而将他们革职。孝宗即位后，储罐毅然上疏推荐这几个人，使他们重新得到任用。科道官庞泮、监察御史刘绅等人被逮下锦衣狱，储罐认为有错，也上奏请求赦免，得到允许，从而纠正了一件冤案，受到朝廷上下的一致好评。

储罐对官吏的考评只是秉公行事，不徇私情，不以个人感情用事，品评人才一律按章办事，从不迁就，也不怕得罪上司。

有一次，吏部尚书耿裕和储罐一起考核一个官员，作出"平庸之辈"的结论后，耿裕宥于人情，便以上司的身份予以修改。储罐不仅没有答应，还当着下属的面正言厉色道："公所执，何异王介甫？"弄得这位尚书非常难堪。耿裕自知理亏，不得不羞愧地接受批评而维持他的"原批"。

还有一次，储罐考核官吏时，发现刑部员外郎傅锦在南直隶通州知州任内贪财甚多，便立即上疏请求将他免职。又发现如皋县令不称职，擅长吹牛拍马，决定免其官职。该县令因私下贿赂了某个太监，便托太监找储罐说情。储罐非但不给这个太监面子，反而以此为典型，将此事予以公开，当着众人在署厅里宣布："某某杂职尚能自检，有以进士宰邑反不能自立，县托内侍干请乱法！"使如皋县令狼狈不堪。

为此，当时一些为官者都慑于储罐的正气，无不小心翼翼，私下相互警戒说："储公阳秋可畏！"与他同朝公事的官员对他也是既尊敬又畏惧。

弘治十年（1497年）后，储罐先后升任京城太仆寺少卿，掌管宫廷车马和全国马政。此间，他亲自南下实地调查马政方面的得失，渡滹沱，涉衡漳，遍游于齐、鲁、梁、楚，达于淮海。在了解大量情况后，向朝廷疏陈了议养京营战马、议减马政文册、议处管马官吏、议清场亩租银等有关马政的四事，得到认可。同时又上书陈述了边境防御方面的敏听政、备将才、广参谋、募才勇、核功赏五件大事，皆有根有据、利国利民，受到朝廷的重视和采纳，为稳定社会、巩固边防起到积极的作用。此后，升任都察院左佥都御史、户部右、左侍郎等职，并总督南京与北京的粮储，主管钱粮乃肥缺，他却清汤寡水分毫不沾，一心追求的是"仓廪足，天下安"。

宁摔乌纱决不趋炎附势、苟且图贵，是储罐令人钦佩的高风亮节。正德年间，有八个作恶多端的宦官，时人称为"八虎"，其中以刘瑾最为可恶。他控制内阁，操纵东厂、西厂，胡作非为，多次凌辱与他意见不符的当朝官员。尽管刘瑾不敢在储罐面前放肆，见了面还口称"先生"，但储罐不愿与奸贼为伍，主动引疾乞休回到泰州隐居，直到刘瑾的势力全部清除，他才重新到南京做官。

正德七年（1512年），储罐带病任南京户部左侍郎，看到钱谷支耗愈来愈严重，心急如焚，日夜筹划。正德八年（1513年）七月，储罐病故于南京吏部，临终举笔书"国恩未报，亲养未终"八字，泣数行直下而逝。

◎故事感悟

　　储巏立朝二十余载，以清正廉明、为人耿直著称，如此克己勤政，必然得到人们的敬重和赞扬。

◎史海撷英

柴墟与储巏

　　柴墟是宋史上岳飞"泰州无险可守时，退保柴墟"之地。从五代南唐（937年）建镇算起，柴墟距今已有千余年历史。尤其是镇上始建于宋淳熙十年（1183年）的古寿胜禅寺，更是因明代泰州儒学家储巏长期居此读书作诗而名闻遐迩。

　　少年时期，储巏对柴墟寿胜寺便情有独钟，长期客居寺中读书作诗。寺院内四季古木森森，深邃幽静，景色宜人，殿宇楼台、雕梁画栋，掩映万树丛中，寺中"寿胜疏钟"又是著名的柴墟八景之一。据说，也正是因为储巏与柴墟寿胜寺的这段情节，加上他一贯坚持谦虚为本的严谨治学风格，故而利用"才虚学浅"之意的谐音，和自己热爱的发奋学习之地柴墟，两层意思合而为一，为自己取大号曰"柴墟"，日后其著作文集也取名《柴墟文集》。

　　储巏后来高中进士，离开了寿胜寺，赴任朝廷命官，直至卒于任上。此后的若干年间，为了纪念缅怀这位儒学大家，柴墟及各地文人都常常到寿胜寺储巏昔日读书的地方，踏访胜迹，集会赋诗，凭吊寄怀。

◎文苑拾萃

宿口岸寺次壁间韵

（明）储巏

古刹初留宿，平生漫好奇。

贝经翻旧叶，只树倚高枝。

月伴枯禅坐，秋期病客肢。

清光不相负，此地一题诗。

刘统勋不愧真宰相

◎丈夫为志，穷当益坚，老当益壮。——范晔《后汉书》

> 刘统勋（1698—1773年），号延清，字尔钝。清内阁学士，刑部尚书。高密县逄戈庄（原属诸城）人。刘墉之父。曾任三部（工部、刑部、吏部）尚书东阁大学士兼军机大臣、翰林院长院学士、尚书房总师傅，纪晓岚的授业恩师。深得乾隆的赏识。及卒，乾隆皇帝悲痛异常，当日亲临祭奠，晋赠太傅衔，赐祭葬，入祀贤良祠，谥文正。枢归故里前，诏令沿途20里以内的文武官员，均至灵前吊祭。

清朝乾隆年间，刘统勋长期居于相位，受到乾隆皇帝的信任。

刘统勋对自己要求很严格。曾有一个世代为官的湖北巡抚，在年底的时候给刘统勋送了1000两银子。刘统勋立刻把这位巡抚的仆人叫来，严肃地对他说："你家主人以几代人的情谊和我互通问候，这是合于情理的。但我现在依靠朝廷的薪俸，尚可维持，不需受礼。你回去告诉你的主人，把钱送给老朋友中贫穷的人吧！"

他下属中有个很有钱的人，半夜叩门求见，他拒不接见。第二天早晨他来到政事堂，把那个半夜求见的人找来，斥责他说："晚上去人家叩门求见，贤明的人是不做的，你有什么事情要禀告，尽可以当众说明。哪怕是老夫本人的过失，说出来也可以对我有所规劝。"

那个人张口结舌，无言以对。

刘统勋死时，乾隆皇帝亲自到他家来祭奠。他家的大门洞又低又窄，只有把车盖子拿下去，车才能进去。

乾隆皇帝回来后和近臣们说："像刘统勋这样，才不愧是真宰相，你们应该效法他呀！"

◎故事感悟

刘统勋赢得"真宰相"的名声，是因为他的清正廉洁、克己勤政。虽然刘统勋拒绝礼贿的方法有些不近情理，然而却遏制了礼贿之风，保持了廉洁，这在"官以钱得，政以贿成"、"冠冕无丑士，贿赂成知己"的社会中，是很需要决心和恒心的。

◎史海撷英

刘统勋的治河之官道

刘统勋一生为官，与河务结下了不解之缘。

乾隆十三年（1748年），刘统勋同大学士高斌巡查山东赈务，并勘河道。当时运河盛涨，刘统勋便疏浚聊城引河，分运河之水注海。德州哨马营、东平戴村二坝，皆令改低，沂州江枫口二坝，待秋后培高，使水有所泄。

乾隆十八年，江南邵伯湖减水二闸及高邮车逻坝决口，刘统勋偕尚书策楞前往视察，查得河道官员亏空公帑情事，据实上疏，河道总督高斌、协办河务巡抚张师载被撤职，侵帑诸吏，并遭严惩。

同年九月，铜山小店汛河决口，刘统勋又查办一批贪污渎职的墨吏，亲自驻守铜山监督塞河，到十二月，工程告结。

乾隆二十一年（1756年）六月，铜山县孙家集黄河漫溢，河务总督富勒赫因无能去职，刘统勋暂摄其职，督促修堤诸事，至冬方始告竣。乾隆帝夸他为"治河能臣"。

◎文苑拾萃

题桐城张相国赐园泛舟图

（清）刘统勋

龙眠山对赐金园，管领烟霞荷厚恩。

今日重开休沐地，白沙翠竹宛江村。

碧流如带隔红尘，画舫兰桡荡绿蘋。

未便一竿江海去，波分太液足垂纶。

凤雏绕膝彩衣斑，问字传经得暂间。

谷口锦茵花冉冉，林间歌管鸟关关。

石坚水净同标格，丽景秾华信化工。

自喜平泉随草树，年来长是坐春风。

张伯行禁止馈送

◎各种弊病，都是因为懒惰而产生的。懒惰则什么事都放松了，一放松就对人的要求也不严格了。因而办事就不迅速。只要一处迟缓，其余的地方就处处懈怠了。——曾国藩

> 张伯行（1651—1725年），字孝先，晚号敬庵。河南仪封（今兰考）人。康熙二十四年（1685年）进士，累官礼部尚书。历官二十余年，以清廉刚直称，其政绩在福建及江苏为尤著。学宗程、朱，及门受学者数千人。谥清恪。

张伯行，清康熙二十四年中进士，官至福建、江苏巡抚、礼部尚书。

他在出任巡抚期间，曾给他所属部门的官吏们发出通知，禁止对他馈送礼物。

通知中说："一丝一粒，都是我的名节；一厘一毫，都是百姓的脂膏。对百姓宽一分索取，百姓得到实惠不止一分；取人一文钱，我的为人价值就一文不值。谁说这只是礼尚往来的平常事？做人的廉耻早已受到伤害。若说这不是不义之财，那这些东西哪里来的？"

康熙皇帝南巡时，曾称赞张伯行是"江南第一清官"。

◎**故事感悟**

张伯行兢兢业业，明察秋毫，抑恶扬善，造福百姓，"不取百姓一分一毫"。这"江南第一清官"六个字完全能概括出张伯行克己勤政的优良作风！

◎ 史海撷英

张伯行受民爱戴

康熙年间，江苏乡试发生作弊案，副主考赵晋内外勾结串通，大肆舞弊，发榜时，苏州士子大哗。康熙帝命张伯行、噶礼同户部尚书张鹏翮、安徽巡抚梁世勋会审此案。因牵涉到噶礼受贿银50万两，案子复杂，审理一个多月也没有结果。

张伯行奏弹劾噶礼，噶礼便买通官吏，捏造事实反过来诬告张伯行。主审官因畏惧噶礼权势，逢迎巴结，案情无法审结。康熙无奈，只好下令：张伯行与噶礼解任，再命主审官审理。扬州百姓听到消息后，纷纷罢市抗议。第二天，扬州百姓拥入会馆，因平时知道张伯行清廉不贪，不会接受礼物，便用水果蔬菜相送。张伯行依然婉言拒绝，百姓哭道："公在任，止饮江南一杯水；今将去，无却子民一点心！（不要推脱百姓的一点心意）"万不得已，张伯行才收下一把青菜。百姓们为防张伯行路有不测，竟有数万人聚集江岸护送。

案子结果下来后，竟是噶礼免议，张伯行革职治罪。康熙帝痛斥大臣是非颠倒，然后亲降圣旨：张伯行留任，噶礼革职。消息传出后，江苏官民争相庆祝，更有上万人进京到了畅春园，跪谢皇恩，上疏表示愿每人都减一岁，以便让圣上活到万万岁。可见张伯行受人民爱戴之深。

◎ 文苑拾萃

瞿塘峡口

（清）张伯行

谁凭霄汉劈青苍，天险由来古战场。

八阵风云连滟滪，三巴门户锁瞿唐。

乌蛮塞远江流合，白帝城高草木荒。

峡路愁人从此始，哀猿啼处过飞航。

侯鸣珂拒贿杖妻

◎处其位而不履其事，则乱也。——《礼记》

> 侯鸣珂（1834—1898年），字韵轩。湖南永定（今湖南张家界市永定区）人。历任署陕西孝义厅（今柞水县）同知，韩城、勉县、兴平、凤翔、保安（今志丹）、渭南、咸阳、平利、白河等县知县。

在"三年清知府，十万雪花银"的清朝后期，侯鸣珂却出污泥而不染，清廉从政。在孝义厅任同知期间，他数次拒受贿赂，义杖爱妻，令百姓大加赞颂。离任时，百姓送"仁德如春"大匾，近万人含泪相送。

同治二年（1863年），陕西省孝义厅阴雨两月，庄稼霉烂，收获不足一成；同治三年，又遭遇蝗灾，食尽田禾。孝义厅户户断炊，外出讨要。

就在这艰难之时，同治四年春，侯鸣珂调任孝义厅抚民同知。到任后，他亲自书写呈文，报灾于抚台，请求赈济。粮食运到后，他又亲自赶着骡马，将粮食送往乡下。厅衙小吏余言吉不甘忍受无油粗饭，向一位百姓勒索了10斤猪油，自食5斤，将其余的5斤私下送给了侯鸣珂的夫人杨芝香。

鸣珂得知后，勃然大怒："刮民脂膏，如杀我父！百姓倒悬，尔等安享清福，不堪造就！"当即将余言吉削职为民，并下令其妻杨芝香将5斤猪油还给百姓，又以受贿罪对妻子杖打四十。杨芝香当场声泪俱下，后悔莫及。侯鸣珂怒斥其妻："知过并非无过选不杖股四十，尔不会以此为训选！"衙役听罢，只得按鸣珂的命令，打了侯夫人四十大板。

同治六年九月，车家河保正杨建武在发放赈银时，以其兄、弟、妹三户受灾严重为由，贪污了800两纹银，被人告发。侯鸣珂在察访中，杨建武托人偷将5两麝香装在他的行囊里，并附一信。侯鸣珂发现后，将信拆开一看，上面写着："侯大人：吾以兄、弟、妹三户冒名顶领赈银800两，愿与大人平分。再送上麝香5两，请免死罪。"

第二天，侯鸣珂便令人将该信重抄在一张大纸上，并将5两麝香用纸包好，上写"贿物麝香5两"，让杨建武一手举着抄好的信，一手举着麝香，在车家河、厅城、石嘴子游街三日，第四日即判杨建武死刑。

在刑场上，侯鸣珂作诗一首，对杨建武的贪污、行贿行为表示了极大愤怒：

斯人为官无所求，誓为百姓解苦愁。

社鼠贪污又行贿，不斩贼子决不休！

◎故事感悟

拒贿杖妻，这是何等的清正啊！侯鸣珂克己为政的作风是我们效仿的楷模。我们要始终谨记：以克己为人、终身廉洁是为官者的根本立身之道。

◎文苑拾萃

墨 梅

（元）王冕

吾家洗砚池头树，朵朵花开淡墨痕。

不要人夸颜色好，只留清气满乾坤。

林则徐为官留清名

◎没有思想上的清白，就没有金钱上的廉洁。——格言

林则徐（1785—1851年），清末政治家。字元抚，又字少穆，晚号埃村老人。福建侯官（今闽侯）人。出身于封建士大夫家庭。1831年，任东河河道总督，次年升任江苏巡抚。1838年任湖广总督时，禁止吸食鸦片，卓有成效为禁烟派代表人物。因受投降派攻击被革职，不久被流放新疆，曾在该地兴办水利，垦辟丈量农田。1845年重新被起用，次年因病辞任回原籍。1850年被起用为钦差大臣，赴广西镇压农民起义，在潮州途中病死。有《林文忠公政书》、《林则徐日记》等。

1838年11月，钦差大臣林则徐肩负着禁烟重任，离开京城，向广东进发。

在那个时候，别说是钦差大臣了，就是一般的京官外出，也都是前呼后拥，派头十足，八面威风。而途经的地方官，更是极尽阿谀逢迎之能事，细心伺候，唯恐招待不周。所以，当时外出的京官很多都是到一站停一站，接受当地的贿赂馈赠，尽情地作威作福，许多京官也因此发了大财。

对于这种腐败现象，林则徐十分痛恨。为了防止沿途各地官员按老习惯办事，他在临行前就明令通知各地的州县长官，必须坚持"四不"：不准大办酒席；不准馈赠礼物；不准惊动百姓；不准送钱给随从人员。

后来，林则徐在途中发现有的地方为迎接他，还费了不少人力物力财力翻修房子，于是又补充了一条：不住豪华房子。

林则徐在当时是颇有政声的，对于他的廉洁和铁面无私，很多地方官也是早有耳闻，所以接到林则徐的通告后，谁也不敢违背这"五不"。这样，林

则徐一路上才没有遇到铺张浪费、私送财物等行为。

但是，途中有个县官在接到钦差大臣的"五不"通告后，自以为这是怕地方官招待不周的"提示"，故意这么通知的。于是他宰猪杀羊，张灯结彩，派工铺路，装修新房，专候钦差大臣光临。

几天后，林则徐派出的先遣官员来了，当了解到这个县官劳民伤财的行径和老百姓恨透了他的情况后，连夜派人将情况报告了林则徐。林则徐果断决定绕道而行，同时，还将情况告知这个县官的上司，结果这个县官被官降一级。这时他才真正省悟：林则徐的廉洁并非虚传，而是真的。

◎故事感悟

"为政之要，日公与清。"今天，我们要向林则徐的这种克己清正的作风学习。我们后辈也要廉洁自律，公正清明，以身作则，进一步使全社会的风气好转。

◎史海撷英

虎门销烟

一百多年前，英国是当时世界上最大的帝国主义国家，不断在世界各地疯狂掠夺殖民地，还企图用鸦片打开中国的大门。

1838年，广州地方政府处决了一个中国的鸦片贩子，英国烟商竟然出来阻挠，从而激起了广州人民的义愤。

1839年2月，一万多名群众到外国人居住的旅馆前示威，声讨外国烟贩干涉中国内政的罪行。

1839年3月，林则徐到了广州，禁烟运动迅速展开。他一面加紧整顿海防，严拿烟贩；一面限令外国烟商交出鸦片。林则徐在给外国烟商的通知中说："若鸦片一日未绝，本大臣一日不回。"由于林则徐坚定的态度和有力的措施，再加上人民的支持，外国烟商被迫交出鸦片两万多箱。

林则徐下令在虎门将鸦片公开销毁，并带领大、小官员亲自监督。他令人将鸦片倒入挖好的两个大池子里，池中放入卤水，待鸦片浸泡半日后，再加上生石灰，令生石灰将生水煮沸，这样就将鸦片彻底销毁了。经过22天，才把缴获的鸦片全部销毁。这就是举世闻名的"虎门销烟"。

◎文苑拾萃

即　目

（清）林则徐

万笏尖中路渐成，远看如削近还平。

不知身与诸天接，却讶云从下界生。

飞瀑正拖千嶂雨，斜阳先放一峰晴。

眼前直觉群山小，罗列儿孙未得名。

有钱用在刀刃上

◎大公无私，积极努力，克己奉公，埋头苦干的精神，才是可尊敬的。——毛泽东

廖仲恺（1877—1925年），原名恩煦，又名夷白，字仲恺，广东归善（今惠阳县）人，生于美国旧金山华侨家庭，近代民主革命家。他是一位伟大的爱国主义者、中国国民党左派领袖、我国民主主义革命的先驱。

廖仲恺是辛亥革命中孙中山先生最忠实的朋友和同志。

廖仲恺祖籍广东，出身于美国华侨家庭，1893年回国，1902年赴日本留学，是同盟会的最早的会员之一。

投身孙中山先生的民主革命后，廖仲恺成为革命的领导核心人物之一。辛亥革命后，他任广东都督府总参议，兼理财政。1921年，任广东省财政厅厅长。后来还担任过工人部部长，农民部部长，广东省长，财政部长等职务。

革命斗争时期，廖仲恺全力以赴，赴汤蹈火，出生入死，为革命作出了杰出贡献。他在华侨界很有威信，因而负责筹集经费，人称"财神爷"。

他确实是财神爷，他手中掌握着大量金钱，但那是属于革命的。有一次孙中山派他外出筹集资金，他筹集到了成千上万的钱。

在东南亚，他携带这笔巨款，准备购买一批军火。一个阴雨天气，他来到一家不大的旅店，旅店老板是认识他的。

廖仲恺向老饭打了招呼后，说："请为我开一个房间。"

老板望望廖仲恺手中沉甸甸的箱子，说："廖先生，我这店今年改装过了，现有几间特级豪华房间，住起来是十分舒服的。我给您开一间豪华间吧。"

廖仲恺摇了摇头，说："不，我还是住普通的房间吧。"

老板再次劝说道："廖先生，你有的是钱，为什么那么寒酸呢？还是住舒服些的好。"

廖仲恺皱起眉头，不客气地说："老板，我说住普通间就住普通间。我有钱，不错，但那不是我个人的。"

老板挤挤眼睛，说："只有你一个人，怎样花钱别人也不知道嘛！有钱不花，太傻了！"

廖仲恺听了，十分生气，扭头就走。

老板急了，慌忙上前拉住他，陪不是说："我是好意嘛！不要生气，您说住普通间，我就给您开普通间好了。"

廖仲恺购买了几箱武器，然后转运回国，任务完成后，老板建议说：

"廖先生，任务完成了，可以好好玩一玩了。我有一辆漂亮的马车，包给你好吗？"

廖仲恺摆了摆手说："包马车，我包不起呀！"

他出门一直步行，除非有了急事才肯叫车。有时奔波一天，十分疲劳，但为了省下车钱，只要还有一点儿力气，他就步行回旅店。

老板见他工作辛苦，每天给他加两个菜，廖仲恺谢绝了，他说："无数战士为了国家，为了革命出生入死，在战场上拼杀，我们多花一分钱，心中都感到直愧啊！我不能乱花钱，要省下每一分钱，花在刀刃上！"

◎故事感悟

廖仲恺先生身为财政部长，为了革命的胜利，不顾生命危险，东奔西走，虽然手中有大量的钱财，可他自己却舍不得乱花一分。他不但把筹到的钱用在了革命事业上，而且把自己的私有财产也无私地献给了革命，令人无限敬佩。

◎史海撷英

廖仲恺被刺杀

廖仲恺积极执行孙中山制定"联俄、联共、扶助农工"三大政策,支持工农革命运动,推动了中国国民革命发展。然而,他所做的一切无疑为国民党右派、封建军阀和帝国主义所不容忍。因此,中外反动势力都视廖仲恺为眼中钉,必欲置其于死地。

孙中山逝世后不久,谢持、林森、邹鲁等人背叛了"三大政策",破坏国民革命领导力量的团结。从1925年7月开始,国民党右派分子邹鲁、孙科、伍朝枢等人就开始集中攻击廖仲恺,企图搞垮廖仲恺,否定三大政策。

面对汹汹来势,廖仲恺与反动派进行了不屈的斗争。尤其使廖仲恺感到深恶痛绝的,是一部分国民党右派老党员为达到反共目的,甚至不惜与北方反动军阀相勾结。

在8月18日的国民政府一次会议上,在廖仲恺身旁的汪精卫给他写了一张条子,告诉廖仲恺,有人将对他不利。他当即表示:"为党为国而牺牲,是革命家的夙愿,何事顾忌!"

8月19日,又有人以确切消息报告他,廖仲恺慨然道:"际此党国多难之秋,个人生死早置之度外,所终日不能忘怀者,为罢工运动及统一广东运动两问题尚未解决!"这天,廖仲恺又为给黄埔军校等筹集经费工作到深夜,很晚才回家。

第二天上午,廖仲恺携夫人何香凝乘车前往党部开会,半路遇见陈秋霖,随即同车前往,不幸竟在戒备森严的党部门前惨遭杀害。

◎文苑拾萃

赠　别

（近代）廖仲恺

后事凭君独任劳,莫教辜负女中豪。

我身虽去灵明在,胜似屠门握杀刀。